옛

문헌 속

고구려

사람들

편역

이명학李明學

1955년 서울 출생
성균관대학교 한문교육과 및 동 대학원
성균관대학교 한문교육과 교수
전 한국한문교육학회 회장
한국고전번역원 원장

전각

둔석遯石 양성주梁聖柱

성균관대학교 유학과를 졸업하고, 지금은 서예 · 전각에 매진하고 있다.

옛 문헌 속
고구려 사람들

1판 1쇄 발행 2005년 2월 28일 | 1판 2쇄 발행 2015년 1월 30일

편 역 이명학 **전 각** 양성주
펴낸이 정규상 **펴낸곳** 성균관대학교 출판부

등록 1975년 5월 21일 제 1975-9호 **주소** 110-745 서울특별시 종로구 명륜동 3가 53
전화 02)760-1252~4 **팩스** 02)762-7452 **홈페이지** www7.skku.ac.kr/skkupress

ⓒ 2005, 이명학 · 양성주

값 12,000원
ISBN 89-7986-596-1 03910

옛

문헌 속

고구려

사람들

이명학 편역

성균관대학교
출 판 부

'고구려高句麗' 하면 처음 떠오르는 이미지는 어떤 것일까?
대부분의 사람들은 아마도 '광활한 만주 벌판'과 대륙을 호령하던 고구려 사람들
의 '강인함'을 떠올릴 것이다.

그러나 동북아시아의 굴절된 근현대사를 거치면서, 조국은 분단되고 만주 지
역은 이미 남의 땅이 되어 이제는 고구려의 역사와 문화 그리고 고구려 사람들의
삶의 자취를 찾아보기 어렵게 되었다. 게다가 현재 우리 주변에서 볼 수 있는 고
구려 유적도 적을 뿐만 아니라, 그들의 역사도 『삼국사기三國史記』와 중국의 『당
서唐書』 이외에 남아 있는 것이 거의 없다. 그 결과 우리가 어려서 듣던 '바보 온
달溫達'과 '호동왕자好童王子' 이야기가 바로 고구려 사람들의 이야기라는 사실
조차 잊고 말았다.

중국에서는 이른바 '동북공정東北工程'이라는 정책을 오래 전부터 은밀하게 추
진하여 고구려 역사를 중국의 역사로 편입시키려 하고 있다. 우리는 중국의 '동
북공정'에 대해 왈가왈부할 가치조차도 느끼지 못한다. 왜냐하면 '역사적 사실'
은 왜곡歪曲할 수 있어도 '역사적 진실'은 민멸泯滅시킬 수 없기 때문이다.

『고려사高麗史』를 보면 당唐나라 왕이 태조 왕건王建에게 글을 보내어 "왕건은
용맹스러운 자질에 지혜가 특출하며 변방에서 으뜸가는 장한 포부를 품고 일어
섰다. 하늘이 산하를 주었고 국토가 광활하다. 주몽朱蒙이 건국한 전통을 계승하
여 그곳의 임금이 되었으며……"라고 하여 고려는 고구려를 계승한 같은 민족이
세운 국가로 인정하였다.

『조선왕조실록朝鮮王朝實錄』에도 세종世宗 이후 조선이 망할 때까지 봄과 가을로 평양에 있는 동명왕(東明王: 朱蒙)의 사당에 제사를 드렸다는 기록이 남아 있다. 세계 어느 멍청한 민족이 자기와 다른 민족의 조상에게 그것도 500여 년간이나 제사를 드리겠는가?

여러 문헌에서 일일이 예를 들지 않더라도, 이 두 가지 사실은 고구려 역사가 바로 우리 민족의 역사요, 중국의 역사가 될 수 없다는 사실을 웅변적으로 말해 준다.

우리는 중국의 '동북공정'이 다분히 정치적인 의도 아래 계획된 것임을 익히 알고 있다. 이런 때 중국의 '동북공정'에 대해 민감하게 반응할 것이 아니라, 우리 스스로 우리의 자랑스러운 고구려의 역사와 문화 그리고 고구려 사람들의 삶에 대해 얼마나 알고 있는지 자문自問해 보아야 할 것이며, 그것을 알아가려는 차분한 노력을 경주해야 할 것이다.

필자는 2000년부터 2003년까지 3년 동안 중국 북경사범대학北京師大學에서 수학할 기회가 있었다. 그때는 중국에서 '동북공정'을 막 시작하던 때였다. 중국 정부는 앞으로 출간되는 모든 사전의 고구려 조항에서 '조선朝鮮'이라는 단어를 삭제하도록 하였고, 고구려 유적이 남아 있는 지역에 우리나라 사람들의 여행과 답사를 엄격하게 제한하기 시작하였다. 당시 이 문제로 중국 학자들과 격하게 언쟁도 하였으나, 그들의 억지 논리에 그저 어안이 벙벙할 뿐이었다.

2003년 가을 성균관대학교로 돌아와 다시 강의를 시작하면서, 고구려 사람들의 전기를 뽑아 학생들과 강독을 하였다. 처음 목적은 나 자신도 잘 모르는 고구려 사람들의 전기를 읽어 가면서, 고구려 사람들의 숨결도 느껴보고, 삶의 자취를 더듬어가면서 그들의 정신세계의 일단이나마 이해하고 싶은 소박한 생각에서였다. 한 학기 강의를 마치자 주위에서 강의한 내용을 책으로 엮어 출간하라는 권유가 많았는데, 마치 시류에 편승하는 것 같아 거절하였다. 그 뒤 일 년이 지나 주위분들이 재차 권유하여 용기를 내어 책으로 출간하게 된 것이다.

이 책의 내용은 대부분 『삼국사기』와 『당서』에 실려 있는 것이다. 역사에서 패배한 민족의 역사는 이긴 자에 의해 왜곡되게 마련이다. 특히 중국측 기록인 『당서』에 실려 있는 고구려 사람들의 전기는 그 폄훼貶毁 정도가 심한 것도 있다. 독자 여러분의 세심한 글 읽기가 요구된다.

우리는 이 책에서 외적과의 싸움에서 굴하지 않고 그 지혜와 능력을 아낌없이 발휘하던 고구려 사람을 만나게 되며, 또 나라가 망한 뒤에도 끊임없이 저항하던 고구려 사람들도 만나게 된다. 이들을 통해 우리는 고구려 사람들의 '강인한 정신'과 '불굴의 삶의 태도'를 엿볼 수 있을 것이다.

마지막으로 이 책이 나오기 까지 성심성의껏 도와준 張豪晟, 李義康, 李君善 선생에게 감사의 인사를 전하며, 아울러 자신의 책처럼 편집에 공을 기울여준 성대 출판부 편집팀에게도 감사의 마음을 전한다.

2005년 1월

李明學

차 례

일러두기

- 원문에 실린 주는 번역문 각주에 [원주] 표시를 하였고, 편역자가 설명한 사항은 표시없이 각주 처리하였습니다.
- 인물별 면지에는 고구려의 문화적 역량을 가늠할 수 있도록 고분벽화의 이미지를 차용하여 배경으로 삽입했습니다.
- 인물명은 광개토대왕비의 서체와 필의筆意에 유의하여, 원 비문과 같은 기운이 느껴지도록 일일이 전각을 하여 탑본欄本하였습니다.

주몽

"나는 천제의 아들이요, 하백의 외손이다."

하나. 주몽

시조始祖 동명성왕東明聖王의 성은 고씨高氏
이고, 이름은 주몽朱蒙이다.[1] 이보다 앞서 부여왕 해부루解夫婁가 늙도록 아
들이 없었으므로, 산천에 제사를 드려 아들 낳기를 기원하였다. 하루는 그가
탄 말이 곤연鯤淵에 이르렀는데, 말이 큰 돌을 보고 눈물을 흘렸다. 왕이 괴
이하게 여기고 사람을 시켜 그 돌을 굴려보니, 금빛 개구리[金蛙][2] 모양의
어린 아이가 있었다. 왕이 기뻐하며

　"이 아이는 하늘이 나에게 주신 아들이로다!"
라고 말하고, 그를 데려와 기르고 금와라 이름 지었다. 그가 장성하자 태자

1　[원주] '추모鄒牟' 혹은 '상해象解'라고도 한다. '상해'는 '중모衆牟'라고 써야 될 듯하다.
2　[원주] '개구리[蛙]'는 '달팽이[蝸]'로 쓰여 있기도 하다.

를 삼았다.

훗날 국상 아란불阿蘭弗이 말했다.

"며칠 전 하느님이 저에게 내려와 이르시되, '장차 나의 자손으로 하여금 이곳에 나라를 세우게 할 것이니, 너는 여기서 피하거라. 동쪽 바닷가에 가섭원이라고 하는 곳이 있는데, 땅이 기름져서 오곡을 재배하기에 적합하니 도읍을 정할만한 곳이니라' 하였습니다."

아란불은 끝내 왕에게 권하여 그곳으로 도읍을 옮기게 하고, 나라 이름을 동부여東扶餘라 하였다. 그 옛 도읍에는 어디서 왔는지 알 수 없는 사람이 자칭 천제의 아들 해모수解慕漱라고 하면서, 그곳에 와서 도읍을 정하였다.

해부루가 죽자, 금와가 왕위를 이었다. 이 때 금와는 태백산 남쪽 우발수優渤水에서 한 여자를 만나 물어보았더니, 그녀가 대답하였다.

"저는 하백의 딸이고, 이름은 유화柳花입니다. 여러 동생들과 함께 나와 놀았는데, 때마침 한 남자가 자칭 천제의 아들 해모수라 하면서 저를 웅심산熊心山[3] 아래 압록강 가에 있는 집으로 유인하여 사통하고, 그 길로 떠나가서는 돌아오지 않았습니다. 저의 부모는 제가 중매도 없이 남자를 따라간 것을 꾸짖고, 마침내 우발수에서 귀양살이를 하게 하였습니다."

금와가 기이하게 생각하여 그녀를 방에 가둬두었는데, 그녀에게 햇빛이 비쳤고, 그녀가 몸을 피하면 햇빛이 다시 그녀를 따라가면서 비쳤다. 이로 인하여 태기가 있어 다섯 되 들이만한 큰 알을 낳았다. 왕이 그 알을 갖다 버려 개와 돼지에게 주었으나 모두 먹지 않았으며, 다시 길 가운데 버렸으나 소와 말이 피하고 밟지 않았다. 나중에는 들에 버렸는데 새가 날개로 덮어 주었다. 왕이 쪼개보려 하였으나 깨뜨릴 수가 없었으므로 마침내 어머니에

---

3 [원주] '심心'은 『삼국유사』에는 '신神' 자로 되어 있다.

게 돌려주었다. 어머니가 물건으로 싸서 따뜻한 곳에 두었더니, 한 사내아이가 껍질을 깨뜨리고 나왔는데 골격과 외모가 뛰어났다. 그의 나이 겨우 7세에 보통 사람과 크게 달라서 스스로 활과 화살을 만들었는데 쏘면 백발백중이었다. 부여 속담에 활을 잘 쏘는 사람을 '주몽'이라 하였기 때문에 이것을 가지고 이름을 지었다고 한다.

금와에게는 일곱 명의 아들이 있었다. 그들은 항상 주몽과 함께 놀았는데, 재주가 모두 주몽만 못하였다. 금와의 맏아들 대소帶素가 왕에게 말했다.

"주몽은 사람이 낳은 바가 아닙니다. 사람됨이 용맹하니 만일 일찍 도모하지 않으면 후환이 있을까 두렵습니다. 그를 없애버리소서."

왕은 이 말을 들어주지 않고, 주몽에게 말을 기르게 하였다. 주몽은 여러 말 중에서 빨리 달리는 말을 알아내어, 그 말에게는 먹이를 적게 주어 여위게 하고, 굼뜬 말은 잘 길러 살찌게 하였다. 왕은 살찐 말은 자기가 타고, 여윈 말은 주몽에게 주었다. 훗날 들에서 사냥을 하는데, 주몽에게는 활을 잘 쏜다는 이유로 화살을 적게 주었으나 주몽이 잡은 짐승이 매우 많았다. 왕자와 여러 신하들은 또 주몽을 죽이려고 도모하였다. 주몽의 어머니가 그들의 모략을 몰래 알아내고 주몽에게 말했다.

"나라 사람들이 너를 해치려 한다. 너의 재능과 지략이라면 어디 간들 괜찮지 않겠느냐. 여기에서 머뭇거리고 있다가 욕을 당하느니 차라리 멀리 가서 큰일을 하는 것이 좋겠다."

이에 주몽은 조이烏夷[4]·마리摩離·협보陝父 등의 세 사람과 벗이 되어 떠나 엄체수淹遞水[5]에 이르렀다. 강을 건너고자 하였으나 다리가 없었다. 추격해오는 군사들이 들이닥칠까 걱정이 되었는데, 주몽이 강을 향하여 말

---

4 [원주] '조烏'는 아래 글과 『삼국유사』에는 모두 '오烏'로 되어 있다.
5 [원주] '개사수蓋斯水'라고도 하는데, 현재의 압록강 동북방에 있다.

했다.

"나는 천제의 아들이요, 하백의 외손이다. 오늘 도망을 하는 길인데, 뒤쫓는 자들이 거의 다가왔으니 어찌해야 하는가?"

이에 물고기와 자라가 물위로 떠올라 다리를 만들어주었다. 주몽이 강을 건너자 물고기와 자라는 곧 흩어졌으므로 뒤쫓던 기병들은 건널 수 없었다. 주몽이 모둔곡毛屯谷에 이르러[6] 세 사람을 만났다. 한 사람은 삼베옷을 입었고, 한 사람은 장삼을 입었고, 한 사람은 마름으로 만든 옷을 입고 있었다.

주몽이 물었다.

"그대들은 어디 사는 사람들이며, 성과 이름은 무엇인가?"

삼베옷을 입은 사람이 "이름은 재사입니다"라고 대답했으며, 장삼을 입은 사람이 "이름은 무골입니다"라고 대답했고, 마름으로 만든 옷을 입은 사람은 "이름이 묵거입니다"라고 대답하면서, 성은 말하지 못했다.

주몽은 재사에게는 극씨克氏, 무골에게는 중실씨仲室氏, 묵거에게는 소실씨少室氏라는 성을 내려 주었다. 그리고 주몽은 곧 무리에게 말했다.

"내가 바야흐로 하늘의 명을 받아 나라의 기틀을 창건하려 하는데, 마침 세 분의 어진 인물을 만났다. 어찌 하늘이 내려 준 사람이 아니겠는가?"

주몽은 드디어 그들의 재능을 헤아려 각각 일을 맡기고, 그들과 함께 졸본천卒本川에 이르렀다.[7] 그곳의 토지가 비옥하고 산하가 험준한 것을 보고, 마침내 그곳을 도읍으로 정하려 하였다. 그러나 미처 궁실을 짓지 못하여, 비류수沸流水 가에 초막을 짓고 살았다. 국호를 고구려高句麗라 하고, 이에 따라 고高를 성씨로 삼았다.[8] 이 때는 주몽의 나이 22세였으며, 한漢 나라

---

6 [원주] 『위서』에는 "음술수普述水에 이르렀다"고 기록되어 있다.['음普'은 '보普' 자로 써야 된다.]
7 [원주] 『위서』에는 "홀승골성紇升骨成에 이르렀다"고 하였다.
8 [원주] 일설에는, 주몽이 졸본부여에 이르렀는데 그 곳 왕은 아들이 없었던 바, 주몽이 비상한

효원제孝元帝 건소建昭 2년, 신라 시조 혁거세赫居世 21년인 갑신년(B.C. 37)이었다. 사방에서 소문을 듣고 와서 따르는 자가 많았다. 그곳이 말갈靺鞨의 부락과 인접하여 있었으므로, 그들이 침범하여 해를 끼칠까 염려하여 드디어 물리쳐 버리니, 말갈은 두려워 복종하고 감히 침범하지 못하였다.

왕은 비류수에 채소 이파리가 물을 따라 떠내려 오는 것을 보고, 상류에 사람이 살고 있다는 것을 알았다. 그리하여 왕은 사냥을 하며 그곳을 찾아 올라가 비류국沸流國에 이르렀다. 그 나라 임금 송양松讓이 나와 왕을 보고 말했다.

"과인이 궁벽하게 바닷가 구석에 있어서 군자를 만난 적이 없었소. 오늘 우연히 만나게 되었으니, 또한 다행스런 일이 아니겠소! 그런데 그대가 어디에서 왔는지 모르겠소."

주몽은 대답하였다.

"나는 천제의 아들로, 모처에 와서 도읍을 정하였소."

송양이 말했다.

"우리 집안은 누대에 걸쳐 왕 노릇을 하였소. 땅이 작아 두 임금을 용납할 수 없소. 그대는 도읍을 정한 지 얼마 되지 않았으니, 나의 속국이 되는 것이 어떻겠소?"

왕이 그의 말에 분노하여 말싸움을 하다가 또 다시 활쏘기로 재주를 겨루었는데, 송양은 대항할 수 없었다.

2년 여름 6월, 송양이 나라를 바치며 항복했다. 그곳을 다물도多勿都로 삼고, 송양을 그곳의 군주로 봉했다. 고구려 말로 옛 땅을 회복한 것을 '다물'이라 하기 때문에 이름 지은 것이다. (『삼국사기』 권13)

───────

사람임을 알아보고 그의 딸을 아내로 삼게 하였으며, 왕이 서거하자 주몽이 왕위를 이었다고 한다.

참고자료 – 이규보李奎報 「동명왕편東明王篇*」

■ 서문

세상에서 동명왕東明王의 신이神異한 사적을 많이 이야기하고 있는데, 비록 배운 것 없는 미천한 남녀들조차 제법 그에 관한 일들을 얘기할 수 있을 정도이다. 내가 일찍이 이 이야기를 듣고는 웃으며 말하였다.

"선사先師 공자께서는 괴력난신怪力亂神을 말씀하지 아니하였다. 이 동명왕의 신이한 사적은 실로 황당하고 기궤奇詭하니, 우리들이 말할 바가 아닌 것이다."

그 후 『위서魏書』와 『통전通典』을 읽어보니 역시 그 사적이 실려 있었다. 그러나 간략하고 상세치 않았으니, 이는 자국 내의 일은 자세하게 하고, 외국의 것은 간략하게 하려는 뜻이 아니겠는가?

지난 계축년癸丑年 4월에 『구삼국사舊三國史』를 얻어서 「동명왕본기東明王本紀」를 보니, 그 신이한 사적事迹은 세상에서 이야기되는 것 이상이었다. 그러나 역시 처음에는 믿을 수가 없어 괴상[鬼]하고 황당[幻]한 이야기려니 생각하였다. 여러 번 거듭 읽어 음미하면서 차차로 그 근원을 찾아가니, 이는 환幻이 아니오 성聖이며, 귀鬼가 아니고 신神이었다. 하물며 국사國史는 직필直筆하는 책이니 어찌 망령되이 전했겠는가. 김공金公 부식富軾이 국사

---

* 동명왕편東明王篇은 고려 명종 23년(1193)에 이규보李奎報가 고구려의 시조 동명왕의 전설을 오언시체五言詩體로 엮은 장편 서사시이다. 그 내용은 오랜 역사와 전통을 지닌 문화민족임을 재인식하는 입장에서 고구려의 시조 동명왕의 영웅적이고 성자적聖者的인 행위를 찬양, 고구려인의 능지를 노래한 장편 서사시이다.

를 다시 편찬할 때 동명왕의 사적을 매우 간략하게 다루었다. 생각해보건대
공은, 국사란 세상을 바로잡는 책이므로 크게 신이神異한 일을 후세에 보여
줌은 옳지 않다고 여겨, 이를 간략하게 했던 것이리라.

　『당서唐書』의 「현종본기玄宗本紀」와 「양귀비전楊貴妃傳」을 살펴보면, 한
곳에도 방사方士가 하늘에 오르고 땅에 들어간 기사가 없었는데, 오직 시인
백낙천白樂天이 그들의 사적이 없어질까 걱정하여 「장한가長恨歌」를 지어
기록했다. 그것은 실로 황음하고 기탄한 일이었지만 오히려 또한 노래로 읊
어서 후세에 보였다. 하물며 동명왕의 사적은 변화신이變化神異로 여러 사
람들의 눈을 현혹시킨 것이 아니오, 실로 나라를 세운 신성한 자취인 것이
다. 이러한데도 이 일을 기술하지 않으면 후세에서는 장차 무엇을 보겠는가.
이런 까닭에 이 시를 지어 기록해서, 저 천하 사람들로 하여금 우리나라는
본래 성인의 나라임을 알게 하노라.

 ■본시

혼돈의 원기 갈라져	元氣判泹渾,
천황씨 지황씨 태어났다	天皇地皇氏.
머리는 열셋과 열하나	十三十一頭,
생김새 기이도 하였더라	體貌多奇異.
그 나머지 성스런 제왕들	其餘聖帝王,
경서와 사서에 실려 있다	亦備載經史.
여절은 큰 별에 감응하여	女節感大星,
대호 지를 낳았고	乃生大昊摯.
여추는 전욱 낳으니	女樞生顓頊,

북두칠성[9] 빛에 감응하였음이라[10]　　　　　亦感瑤光暐.

복희씨 제사법 제정하고　　　　　　　　伏羲制牲犧,

수인씨 불을 발명하였구나　　　　　　　燧人始鑽燧.

명엽은 요 임금의 상서요[11]　　　　　　生莢高帝祥,

하늘에서 곡식 떨어진 건 신농씨의 상서라　　雨粟神農瑞.

무너진 푸른 하늘 여와가 깁고　　　　　　靑天女媧補,

홍수는 우 임금이 다스렸네　　　　　　　洪水大禹理.

황제가 승천할 때는　　　　　　　　　黃帝將升天,

수염 달린 용이 절로 나타났다　　　　　　胡髯龍自至.

태고 시설 순박할 때엔　　　　　　　　太古淳朴時,

영성靈聖한 일 이루 다 기록할 수 없었건만　　靈聖難備記.

후세에는 인정이 야박해지고　　　　　　　後世漸澆漓,

풍속이 지나치게 사치스러워　　　　　　　風俗例汰侈.

성인 간혹 탄생했지만　　　　　　　　聖人間或生,

신령한 자취 보인 것이 드물었다　　　　　神迹少所示.

한 나라 신작 3년[12]　　　　　　　　漢神雀三年,

첫여름 북두가 사방巳方을 가리킬 때[13]　　孟夏斗立巳.

---

9 '요광瑤光'은 북두칠성의 일곱 번째 별을 가리킴.

10 『문헌통고·후비文獻通考·后妃』에 의하면, 황제黃帝의 둘째 부인 여절女節이 소호少昊를 낳고, 황제의 아들 창의昌意의 부인 여추女樞가 전욱顓頊을 낳았는데, 모두 별빛에 감응하여 임신했다고 함.

11 중국 전설에, 명협蓂莢은 요 임금 때 조정 섬돌 곁에 났다는 서초瑞草로, 매월 초하루부터 매일 한 잎씩 나서 자라다가 보름이 지나면 한 잎씩 지기 시작하여, 이것을 보고 달력을 만들었다고 함.

12 '신작神爵'은 한 선제漢宣帝의 연호로, 신작 3년은 B.C. 59임.

13 [원주] 한漢 나라 신작神雀 3년 4월 갑인甲寅 일이었다.

해동의 해모수는	海東解慕漱,
참으로 하느님의 아들이라[14]	眞是天之子.
처음 하늘에서 내려오실 적에	初從空中下,
다섯 마리 용이 끄는 수레를 타셨고	身乘五龍軌.
따라 내려온 백여 인은	從者百餘人,
고니 타고 날개옷을 휘날렸구나	騎鵠紛襂襹.
맑은 풍악 쟁쟁하게 울려 퍼지고	淸樂動鏘洋,
채색 구름 뭉게뭉게 떠있었다네[15]	彩雲浮旖旎.
예로부터 천명을 받은 임금은	自古受命君,
누군들 하늘이 내리지 않았겠는가마는	何是非天賜.
대낮에 하늘에서 내려온 것은	白日下靑冥,
예로부터 보지 못한 것이었다	從昔所未視.
아침에는 인간 세상에 살고	朝居人世中,

14 [원주] 『본기』에서 말하였다.
　　부여왕 해부루는 늙고 아들이 없었으므로, 산천에 제사를 드려 아들 낳기를 기원하였다. 하루
　　는 그가 탄 말이 곤연에 이르렀는데, 말이 큰 돌을 보고는 눈물을 흘렸다. 왕이 괴이하게
　　여기고 사람을 시켜 그 돌을 굴려보니, 금빛 개구리 모양의 어린 아이가 있었다. 왕이 기뻐하
　　며 "이 아이는 하늘이 나에게 주신 아들이로다!"라고 말하고, 그를 데려와 기르고 금와라
　　이름지었다. 그가 장성하자 태자로 삼았다. 훗날 국상 아란불이 말했다. "며칠 전 하느님이
　　저에게 내려와 이르시되, '장차 나의 자손으로 하여금 이곳에 나라를 세우게 할 것이니, 너는
　　여기서 피하거라. 동쪽 바닷가에 가섭원이라고 하는 곳이 있는데, 땅이 기름져서 오곡을 재배
　　하기에 적합하니 도읍을 정할만한 곳이니라' 하였습니다." 아란불은 왕에게 권하여 그곳으로
　　도읍을 옮기게 하고, 나라 이름을 동부여라 하였다. 부여의 옛 도읍에는 하느님의 아들 해모
　　수가 와서 도읍을 정하였다.

15 [원주] 한 나라 신작 3년 임술년에 하느님이 태자를 보내어 부여왕의 옛도읍에 내려와 놀게
　　하였는데, 이름은 해모수였다. 하늘에서 내려오는데 다섯 마리의 용이 끄는 수레를 탔고,
　　따르는 사람 1백여 인은 모두 흰 고니를 탔다. 채색 구름은 위에 떠있고 음악 소리는 구름
　　속에서 울렸다. 웅심산에 머물다가 10여 일이 지나 비로소 내려오는데, 머리에는 오우관烏羽
　　冠을 쓰고 허리에는 용광검龍光劍을 찼다.

저녁에는 하늘나라로 돌아간다[16]　　　暮反天宮裡.

내 옛날 사람에게 들어보니　　　吾聞於古人,

하늘나라에서 땅까지의 거리　　　蒼穹之去地,

이 억만에 팔천하고도　　　二億萬八千,

칠백에 팔십 리라 하였다　　　七百八十里.

사다리로도 오르기 어렵고　　　梯棧躡難升,

날아도 쉽게 지치거늘　　　羽翮飛易瘁.

아침저녁 마음대로 오르내리시니　　　朝夕恣升降,

이런 이치 어디에 또 있으리　　　此理復何爾.

성곽 북쪽에 청하가 있어[17]　　　城北有靑河,

하백의 세 딸들 어여뻐라[18]　　　河伯三女美.

압록 물결 가르고 나와　　　擘出鴨頭波,

웅심 물가에서 노는데[19]　　　往遊熊心涘.

쟁그랑 패옥이 울리고　　　鏘琅佩玉鳴,

귀엽고 가냘픈 모습 아름다웠다　　　綽約顏花媚.

처음에는 한수 가의 여인인가 의심했다[20]　　　初疑漢皐濱,

다시 낙수 가의 여신인가 상상하였다[21]　　　復想洛水沚.

---

16 [원주] 아침에는 정사를 듣고 저물면 곧 하늘로 올라가니, 세상에서 천왕랑天王郎이라 일컬었다.

17 [원주] '청하靑河'는 지금의 압록강鴨綠江이다.

18 [원주] 맏딸은 유화柳花요, 둘째 딸은 훤화萱花요, 막내딸은 위화葦花이다.

19 [원주] 청하에서 나와 웅심연熊心淵 가에서 놀았다.

20 '한고漢皐'는 중국 호북성湖北省 양양현襄陽縣 서북쪽에 있는 산의 이름. 『한시외전韓詩外傳』에 의하면, 정교보鄭交甫가 남으로 초楚에 가는 길에 한고의 대臺 아래를 지나다가 두 여자가 구슬을 차고 노는 것을 보았다고 한다.

21 중국 전설에, 복희씨伏羲氏의 딸 복비宓妃가 낙수洛水에 빠져 죽어 신이 되었다고 한다.

사냥 나온 왕이 보시고	王因出獵見,
눈길을 보내며 마음에 두었더니	目送頗留意.
미색을 좋아한 것이 아니라	玆非悅紛華,
후사를 보는 일이 급해서였다²²	誠急生繼嗣.
막내딸은 임금이 오는 걸 보고	三女見君來,
물 속으로 들어가 피하니	入水尋相避.
신하들이 말하길, "궁전을 잠깐 지어	擬將作宮殿,
노는 모양 엿보시라고"	潛候同來戲.
말채찍으로 땅에 금을 그으니	馬撾一畫地,
구리 집이 홀연히 세워졌구나	銅室欻然峙.
비단 자리 눈부시게 깔아 놓고	錦席鋪絢明,
금 술잔에 맛난 술 부어 두니	金罇置淳旨.
사뿐사뿐 스스로 들어와	蹁躚果自入,
주거니 받거니 이내 곧 취했구나²³	對酌還徑醉.
이때 왕이 나와 가로막으니	王時出橫遮,
놀라 달아나다 넘어지고²⁴	驚走僅顚躓.
만딸 이름 유화인데	長女曰柳花,
이 분이 왕에게 잡히었다네	是爲王所止.

22 [원주] 왕이 좌우에게, "왕비를 삼으면 후사를 둘 수 있겠다"고 하였다.

23 [원주] 여자들이 왕을 보자 곧 물로 들어갔다. 좌우가 말했다. "대왕은 왜 궁전을 지어서 여자들이 방에 들어가기를 기다렸다가 못 나가게 문을 가로막지 않으십니까?" 왕이 그렇게 여겨, 말채찍으로 땅에 긋자 구리 집이 갑자기 이루어졌는데 장려하였다. 방안에 세 자리를 만들고 술상을 차려 놓았다. 여자들이 각각 그 자리에 앉아 서로 권하며 마셔 술이 크게 취하였다.

24 [원주] 왕이 세 여자가 대취하기를 기다려 급히 나가 막으니, 여자들이 놀라 달아나다가 만딸 유화가 왕에게 붙잡혔다.

하백은 크게 성이 나서 河伯大怒嗔,

사신을 황급히 보내어 遣使急且駛.

고하기를, "너는 누구이기에 告云渠何人,

이다지도 방자하냐" 乃敢放輕肆.

답하기를, "나는 하느님의 아들로 報云天帝子,

귀댁에 청혼하는 것이라오" 高族請相累.

하늘 가리키자 용 수레가 내려오니 指天降龍馭,

곧장 타고 용궁으로 들어가시다[25] 徑到海宮邃.

하백이 왕에게 이르기를 河伯乃謂王,

"혼인은 막중한 일 婚姻是大事.

중매와 폐백이 있어야 하거늘 媒贄有通法,

어찌하여 이리도 무례한고[26] 胡奈得自恣.

그대가 진실로 하늘의 아들이라면 君是上帝胤,

신통력을 한번 보여줄지어다" 神變請可試.

---

25 [원주] 하백이 대노하여 사자를 보내어 고하였다. "너는 누구길래 내 딸을 잡아갔는가?" 왕이 대답하였다. "나는 하느님의 아들로 지금 하백에게 구혼하고자 합니다." 하백이 또 사자를 보내어 고하였다. "네가 만일 하느님의 아들이고 내게 구혼할 생각이라면 마땅히 중매를 시켜 말할 것이지, 지금 갑자기 내 딸을 잡아가니, 어찌 그리 결례가 심한가?" 왕이 부끄러워하며 하백을 뵈려 하였으나 용궁에 들어갈 수 없었다. 그래서 여자를 놓아 보내고자 하니, 여자가 이미 왕과 정이 들어서 떠나려 하지 않으며 왕에게 권하였다. "만일 용 수레가 있으면 하백의 나라에 이를 수 있습니다." 왕이 하늘을 가리켜 고하니, 조금 뒤에 오룡거五龍車가 공중에서 내려왔다. 왕이 여자와 함께 수레를 타니 풍운이 홀연히 일어나며 하백의 용궁에 이르렀다.

26 [원주] 하백이 예를 갖추어 맞아 자리에 앉은 뒤에 이르기를, "혼인의 도는 천하의 공동된 법규인데 어찌하여 결례되는 일을 해서 내 가문을 욕되게 하는가?……" 하였다.

넘실대는 파란 물결 속에 　　　　連漪碧波中,

하백이 변하여 잉어 되자 　　　　河伯化作鯉.

왕은 문득 수달 되어 　　　　　　王尋變爲獺,

몇 걸음 안 가 바로 잡았도다 　　立捕不待跬.

하백이 이번엔 두 날개 돋아 　　又復生兩翼,

꿩이 되어 훌쩍 날아가니 　　　　翩然化爲雉.

왕이 또 매로 변하여 　　　　　　王又化神鷹,

낚아채는 솜씨 참으로 맹렬하네 　搏擊何大鷙.

하백이 사슴 되어 달아나자 　　　彼爲鹿而走,

왕은 승냥이 되어 쫓아갔다 　　　我爲豺而趡.

하백은 왕이 신통력이 있음을 알아 　河伯知有神,

술자리를 베풀고 서로 즐거워하더니 　置酒相燕喜.

만취한 왕을 가죽 수레에 태우고 　伺醉載革輿,

딸을 함께 수레에 태웠다[27] 　　幷置女於輢.

하백의 생각은 딸도 함께 　　　　意令與其女,

하늘에 오르도록 하려던 것 　　　天上同騰轡.

수레가 바다에서 나오기 전에 　　其車未出水,

술이 깨어 놀라 일어난 뒤[28] 　　酒醒忽驚起.

유화의 황금 비녀를 뽑아 　　　　取女黃金釵,

가죽을 뚫고 틈으로 나와 　　　　刺革從竇出.

홀로 구름 타고 올라가 　　　　　獨乘赤霄上,

소식도 없이 돌아오지 않았다[29] 　寂寞不迴騎.

---

27 [원주] 수레의 옆을 '의輢'라 한다.

28 [원주] 하백의 술은 이레가 되어야 깬다.

하백은 딸을 꾸짖고　　　　　　　河伯責厥女,

입술을 석 자나 당겨 뽑아　　　　挽吻三尺弛.

우발수 가운데로 쫓아내되　　　　乃貶優渤中,

몸종 두 명만 딸려 주었구나[30]　唯與婢僕二.

어부가 물결 속을 보니　　　　　　漁師觀波中,

기이한 짐승이 헤엄치고 다니거늘　奇獸行駓駓.

금와왕에게 보고하고　　　　　　　乃告王金蛙,

쇠그물을 흐르는 물에 던져　　　　鐵網投溪溪.

돌에 앉아 있던 유화를 잡았는데　引得坐石女,

생김새는 참으로 무섭게 생겼고　姿貌甚堪畏.

입술은 길어서 말도 못하니　　　　脣長不能言,

세 번을 자르고야 입이 열렸네[31]　三截乃啓齒.

---

29 [원주] 하백이 말하기를, "왕이 하느님의 아들이라면 무슨 신통하고 이상한 재주가 있는 가?" 하니, 왕이 말하였다. "무엇이든지 시험하여 보시지요." 이에 하백이 뜰 앞의 물에서 잉어로 변하여 물결을 따라 헤엄치자 왕은 수달로 변하여 잡았고, 하백이 또 사슴으로 변해 달아나자 왕은 승냥이로 변하여 쫓았고, 하백이 꿩으로 변하자 왕은 매로 변해 덮쳤다. 하백 은 참으로 하느님의 아들이라 생각하여 예를 갖추어 혼례를 치루어주었다. 하백은 왕이 딸을 데려갈 마음이 없을까 두려워, 풍악을 베풀고 술을 내어 왕에게 권하여 대취하게 하였다. 그리고 딸과 함께 작은 가죽 수레에 넣어 용거에 태웠는데, 하늘에 오르게 하려는 것이었다. 수레가 미처 물에서 나오기 전에, 왕은 술이 깨어 유화의 황금비녀로 가죽을 찢고 구멍으로 홀로 나와서 하늘로 올라갔다.

30 [원주] 하백이 딸에게 대노하여, "네가 내 훈계를 따르지 않아서 마침내 우리 가문을 욕되게 하였다" 하고, 좌우를 시켜 딸의 입을 잡아당겨 석 자나 되게 한 뒤, 몸종 두 사람만을 주어 우발수 가운데로 쫓아내었다. 우발은 못 이름인데, 지금 태백산 남쪽에 있다.

31 [원주] 어사漁師 강력부추强力扶鄒가 아뢰었다. "근자에 어량 속의 고기를 도둑질해 가는 놈이 있는데, 무슨 짐승인지 알 수 없습니다." 왕이 어사를 시켜 그물로 잡게 하였는데, 그물이 찢어졌다. 다시 쇠그물을 만들어 당겨서 비로소 돌에 앉아 있던 여자를 잡았다. 그 여자는 입술이 길어 말을 못하므로 입술을 세 번 잘라내게 한 뒤에야 말을 하였다.

금와왕은 해모수의 왕비임을 알고	王知慕漱妃,
별궁에 거처케 하였는데	仍以別宮置.
햇빛 품어 주몽을 낳으니	懷日生朱蒙,
이 해는 바로 계해년	是歲歲在癸.
골격이 참으로 남달랐고	骨表諒最奇,
울음소리 또한 우렁찼다	啼聲亦甚偉.
갓 태어났을 때는 되 만한 알이어서	初生卵如升,
보는 이 모두 놀랐는데	觀者皆驚悸.
금와왕은 상서롭지 못하다 여기고	王以爲不祥,
이것이 어찌 사람의 자식이랴 싶어	此豈人之類.
마굿간에 버려두니	置之馬牧中,
여러 말들이 밟지 않았고	群馬皆不履.
깊은 산에 버렸더니	棄之深山中,
온갖 짐승이 지켜 주었네[32]	百獸皆擁衛.
어미가 우선 거둬 길러	母姑擧而養,
달포 되자 말을 시작했다	經月言語始.
스스로 말하길, "파리가 눈을 핥어	自言蠅嘬目,

---

32 [원주] 금와왕은 하느님 아들의 왕비인 것을 알고 별궁別宮에 두었다. 그 여자의 품안에 해가 비추고 이어 임신하여, 신작 4년 계해년 여름 4월에 주몽을 낳았는데, 울음소리가 매우 크고 골상이 영특하고 기이하였다. 처음 낳을 때 왼쪽 겨드랑이로 알 하나를 낳았는데, 크기가 닷 되 들이 만하였다. 왕이 괴이하게 여겨 말했다. "사람이 새알을 낳다니, 상서롭지 못하다." 사람을 시켜 마구간에 버려두었더니 여러 말들이 밟지 않았고, 깊은 산에 버렸더니 모든 짐승이 호위하였으며, 구름 끼고 음침한 날에도 알 위에 항상 햇빛이 있었다. 왕이 알을 도로 가져다가 산모에게 보내어 기르게 하였더니, 알이 마침내 갈라져 한 사내아이를 얻었다. 태어난 지 한 달도 지나지 않아 언어가 모두 정확하였다.

편안히 잠잘 수 없습니다"
臥不能安睡.

어머니가 활과 화살을 만들어주니
母爲作弓矢,

백발백중 빗나가는 법이 없었다네[33]
其弓不虛掎.

차차 나이 들어
年至漸長大,

재능이 날로 갖추어지니
才能日漸備.

부여왕의 태자들
扶余王太子,

마음속으로 질투하였네
其心生妬忌.

부왕께 참소하되, "주몽이란 놈은
乃言朱蒙者,

틀림없이 보통 사람이 아니니
此必非常士.

만약 일찌감치 도모하지 않으면
若不早自圖,

후환이 참으로 끝없을 것입니다"[34]
其患誠未已.

왕이 말을 기르게 하니
王令往牧馬,

그의 뜻을 시험하려는 것이었네
欲以試厥志.

생각하니 하느님의 손자로서
自思天之孫,

말먹이꾼 참으로 수치스러워
厮牧良可恥.

---

33 [원주] 어머니에게 말했다. "파리들이 눈을 핥아서 잘 수가 없습니다. 어머니! 저에게 활과 화살을 만들어 주세요" 어머니가 대나무로 활과 화살을 만들어 주니, 스스로 물레 위의 파리를 쏘았는데 화살을 쏘는 족족 맞혔다. 부여에서 활 잘 쏘는 것을 '주몽'이라고 하였다.

34 [원주] 장성하자 재능을 겸비하였다. 금와왕은 일곱 아들을 두었는데, 항상 주몽과 함께 사냥을 하였다. 왕자와 시종들 40여 명은 오직 사슴 한 마리를 잡았으나, 주몽이 사슴을 쏘아 잡은 것이 매우 많았다. 왕자들이 시기하여 주몽을 잡아 나무에 묶고 사슴을 빼앗아 가버리자 주몽은 나무째 뽑아버리고 갔다. 태자 대소가 왕에게 말했다. "주몽이란 놈은 신령스럽고 용감한데다 바라보니 보통이 아닙니다. 만약 일찍 도모하지 않으면 반드시 후환이 있게 될 것입니다."

가슴을 쓸며 항상 새기기를　　　　　　　　　　捫心常竊導,
"사는 것이 죽는 것만도 못하구나　　　　　　　吾生不如死.
생각 같아서는 남쪽으로 떠나가　　　　　　　　意將往南土,
나라와 성시를 세우고도 싶지만　　　　　　　　立國立城市.
자애로운 어머니 계신 까닭에　　　　　　　　　爲緣慈母在,
이별이란 참으로 어렵구나"35　　　　　　　　　離別誠未易.

어머니가 이 말을 듣고는　　　　　　　　　　　其母聞此言,
가만히 흐르는 눈물 닦으며　　　　　　　　　　潸然抆淸漏.
"너는 내 걱정을 조금도 말아라　　　　　　　　汝幸勿爲念,
나도 마음이 항상 괴로웠단다　　　　　　　　　我亦常痛痞.
사나이가 먼 길을 떠나가려면　　　　　　　　　士之涉長途,
반드시 좋은 말이 필요하니라"　　　　　　　　須必憑駿駬.
마구간으로 데려가서　　　　　　　　　　　　　相將往馬閑,
긴 채찍으로 후려치니　　　　　　　　　　　　　卽以長鞭捶.
뭇 말이 모두 달리는데　　　　　　　　　　　　羣馬皆突走,
그중 한 마리 붉은 말은　　　　　　　　　　　一馬騂色斐.
두 길 난간을 뛰어 넘는다　　　　　　　　　　跳過二丈欄,
좋은 말임을 비로소 알아차려36　　　　　　　　始覺是駿驥.
남몰래 바늘을 혀에 찔러두니　　　　　　　　　潛以針刺舌,

---

35 [원주] 왕이 주몽에게 말을 기르게 하여 그 뜻을 시험하였다. 주몽이 마음으로 한을 품고
　　　어머니에게, "저는 하느님의 손자인데 남을 위하여 말이나 길러야 하니, 사는 것이 죽는 것만
　　　못합니다. 남쪽 땅에 가서 나라를 세우고 싶지만, 어머니가 계셔서 마음대로 못합니다."라고
　　　하니, 어머니가 운운하였다.

36 [원주] 『통전通典』에서는 "주몽이 타던 말은 모두 과하마였다"고 하였다.

쓰리고 아파 먹지 못하여	酸痛不受飼.
며칠만에 몰골이 야위어서	不日形甚癯,
굼뜬 말과 다름없게 되었구나	却與駑駘似.
그 뒤 왕이 마구간을 돌아보다가	爾後王巡觀,
바로 이 말을 주었는데	予馬此卽是.
얻고 난 뒤 비로소 바늘을 뽑고	得之始抽針,
밤낮으로 공을 들여 잘 먹이었다네[37]	日夜屢加餧.

은밀히 세 사람과 벗을 맺으니	暗結三賢友,
그 사람들 모두 지혜로웠다[38]	其人共多智.
남으로 떠나 엄체에 이르렀는데[39]	南行至淹滯,
강을 건너려니 배가 없거늘[40]	欲渡無舟艤.
채찍을 들어 하늘을 가리키며	秉策指彼蒼,
크게 한숨짓고 탄식하였다	慨然發長喟.

37 [원주] 어머니가 말했다. "이것은 내가 밤낮으로 고심하던 일이다. 내 들으니, 사나이가 먼 길을 가려면 반드시 준마가 필요하니라. 내가 말을 고를 수 있다." 드디어 방목장으로 가서 긴 채찍으로 어지럽게 후려치니, 여러 말들이 모두 놀라 달아나는데, 그중 한 마리 붉은 말이 두 길이나 되는 난간을 뛰어넘었다. 주몽은 이 말이 준마임을 알고 가만히 바늘을 혀 밑에 찔러 놓았다. 말은 혀가 아파 물과 풀을 먹지 못해 매우 야위었다. 왕은 방목장을 순시할 때 말들이 모두 살찐 것을 보고 크게 기뻐하였고, 인하여 야윈 말을 주몽에게 주었다. 주몽은 이 말을 얻자, 바늘을 뽑고 잘 먹였다고 한다.

38 [원주] 오이烏伊·마리摩離·협보陜父 등 세 사람이었다.

39 [원주] 일명 '개사수蓋斯水'인데, 지금의 압록강 동북쪽에 있다.

40 [원주] 건너려 하니 배가 없었다. 추격병이 곧 이를 것을 두려워하여, 채찍으로 하늘을 가리키며 크게 한숨짓고 탄식하였다. "나는 하느님의 손자요 하백의 외손이다. 지금 난을 피하여 여기에 이르렀으니, 황천과 후토后土는 저를 불쌍히 여기시어, 속히 배나 다리를 만들어주소서." 말을 마치고 활로 물을 치니, 고기와 자라가 나와 다리를 놓아 주었다. 주몽이 건너고 얼마 뒤 추격병이 이르렀다.

"하느님의 손자요 하백의 외손이   天孫河伯甥,

난을 피하여 지금 여기 왔소   避難至於此.

가엾고 외로운 이 몸을   哀哀孤子心,

천지신명께서는 차마 버리시려나요"   天地其忍棄.

활을 들어 강물을 후려치니   操弓打河水,

물고기와 자라들 꼬리를 맞물고   魚鼈騈首尾.

덩그렇게 다리를 놓아 주어서   屹然成橋梯,

비로소 건널 수 있게 되었다   始乃得渡矣.

조금 뒤에 추격병이 이르렀는데   俄爾追兵至,

다리에 오르자 이내 무너져버렸다[41]   上橋橋旋圮.

한 쌍의 비둘기 보리를 물고   雙鳩含麥飛,

어머님의 사자 되어 날아왔다[42]   來作神母使.

좋은 터에 도읍을 여니   形勝開王都,

산천은 울울창창 높디높다   山川鬱崔嵬.

스스로 왕의 자리에 앉아서   自坐茀蕝上,

군신의 위계를 대강 정하였다[43]   略定君臣位.

어리석어라 비류왕은   咄哉沸流王,

---

41 [원주] 추격병이 하수에 이르니, 고기와 자라가 놓은 다리가 이내 허물어져, 다리에 오른 자가 모두 빠져 죽었다.

42 [원주] 주몽이 이별할 때 차마 떠나지 못하니, 어머니가 말하였다. "너는 어미 때문에 걱정하지 말라." 그리고는 오곡 종자를 싸 주었다. 주몽은 생이별하는 마음이 애절하여, 보리 종자를 잊어버리고 왔다. 주몽이 큰 나무 밑에서 쉬는데, 비둘기 한 쌍이 날아왔다. 주몽이, "아마도 어머니께서 보리 종자를 보내신 것이리라" 하고, 활을 쏘아 한 화살에 모두 떨어뜨렸다. 목구멍을 벌려 보리 종자를 얻고 나서, 물을 뿜으니 비둘기가 다시 소생하여 날아갔다.

43 [원주] 왕이 스스로 왕의 자리 위에 앉아서, 대강 임금과 신하의 위계를 정하였다.

어찌하여 자신을 헤아리지 못하는가　　　　　何奈不自揆.

신선의 후예임을 억지로 뽐내며　　　　　　苦矜仙人後,

고귀한 하느님의 손자를 몰라보고　　　　　未識帝孫貴.

한갓 부용국으로 삼으려 하며　　　　　　　徒欲爲附庸,

삼가지 않고 말을 함부로 하네　　　　　　　出語不愼恧.

그려 놓은 사슴의 배꼽도 못 맞히고　　　　未中畫鹿臍,

옥가락지 깨지는 것에 놀라는구나[44]　　　　驚我倒玉指.

북과 뿔피리가 변색된 것을 보고　　　　　　來觀鼓角變,

송양은 내 것이라 말도 못했네[45]　　　　　不敢稱我器.

---

44 [원주] 비류왕 송양松讓이 나와 사냥하다가, 왕의 용모가 비상함을 보고 데리고 와 함께 앉아 말했다. "궁벽하게 바닷가 구석에 있어 일찍이 군자를 만나지 못하였는데, 오늘 우연히 만났으니 얼마나 다행한 일이오 그대는 어떠한 사람이며 어느 곳에서 왔소?" 왕이 말했다. "과인은 하느님의 손자요 서쪽 나라의 왕입니다. 감히 묻겠습니다. 군왕은 누구의 후손인지요?" 송양이 말했다. "나는 신선의 후손으로 여러 대 동안 왕 노릇을 하였소. 지금 땅이 대단히 좁아서 두 임금을 용납할 수 없소. 그대는 나라를 만든 지가 얼마 되지 않았으니, 나의 부속국이 되는 것이 좋겠소" 왕이 말했다. "과인은 하느님의 뒤를 이었지만, 지금 왕은 신神의 자손도 아니면서 억지로 왕이라 칭하고 있습니다. 만일 내게 복종하지 않으면 하늘이 반드시 죽일 것입니다." 송양은 왕이 여러 번 하느님의 손자라고 자칭하는 것을 듣고, 마음에 의심을 품어 재주를 시험해보고자 하여, 이에 말했다. "왕과 활쏘기를 겨루어보고 싶소." 송양은 사슴을 그린 과녁을 1백 보 거리에 놓고 쏘았는데, 화살이 사슴 배꼽을 맞추지도 못하고 힘에 겨워하였다. 왕이 사람을 시켜 옥가락지를 1백 보 밖에 매달아 놓게 하고 쏘아 기왓장 부서지듯 깨뜨리니, 그는 크게 놀랐다.

45 [원주] 왕이 말했다. "국가의 기업이 새로 만들어졌기 때문에 북과 뿔피리의 의장이 갖추어지지 않았다. 비류沸流의 사자가 왕래할 때 내가 왕의 예로 맞고 보내지 못하니, 이 까닭에 나를 가볍게 여기는 것이다." 따르던 신하 부분노扶芬奴가 앞으로 나와 말했다. "신이 대왕을 위하여 비류의 북과 뿔피리를 가져오겠습니다." 왕이 물었다. "다른 나라의 간직해 둔 물건을 네가 어떻게 가져오려느냐?" 대답하였다. "이것은 하늘이 준 물건입니다. 왜 가져오지 못하겠습니까? 대왕이 부여에서 곤욕을 당할 때 누가 대왕이 여기에 이르리라 생각했겠습니까? 지금 대왕이 만 번 죽음을 당할 위태한 땅에서 몸을 빼져 나와 요좌遼左에서 이름을 날리고 계시니, 이것은 하느님이 명령하여 하는 것입니다. 무슨 일인들 이루지 못하겠습니까?" 이에 부분노 등 세 사람이 비류에 가서 북을 가져왔다. 비류왕은 사자를 보내어 운운하였다. 왕은

궁궐 기둥이 오래된 것을 보고	來觀屋柱故,
말도 못 꺼내고 스스로 부끄러워했다네 ⁴⁶	咋舌還自愧.

동명왕이 서쪽으로 사냥할 때	東明西狩時,
눈처럼 하얀 고라니를 잡아서 ⁴⁷	偶獲雪色麂.
해원 땅에 거꾸로 매달아 놓고	倒懸蟹原上,
감히 저주하며 말하였다	敢自呪而謂.
"하늘이 비류국에 비를 퍼부어	天不雨沸流,
물바다로 만들지 않으면	漂沒其都鄙.
내 너를 놓아주지 않을 것이니	我固不汝放,
너는 나의 화를 풀어주어야 하리라"	汝可助我憤.
사슴 울음소리 매우 애달파	鹿鳴聲甚哀,
위로 하느님 귀에 들렸다네	上徹天之耳.
소나기가 이레 동안 퍼부으니	霖雨注七日,
강물을 기울여 쏟아 붓는 듯	霈若傾淮泗.
송양은 매우 근심걱정하다가	松讓甚憂懼,
물길을 따라 부질없이 갈대 줄을 가로질러 놓으니	沿流謾橫葦.
온 백성이 달려와서 부여잡고	士民競來攀,
땀흘리며 버둥대고 놀라기만	流汗相睋眙.

북과 뿔피리를 알아볼까 두려워 빛깔을 오래된 것처럼 검게 만들어 놓으니, 송양이 감히 다투지 못하고 돌아갔다.

46 [원주] 송양이 도읍을 세운 선후를 따져 부용국이 되자고 하니, 왕은 궁실을 지을 때 썩은 나무로 기둥을 세워 천 년 묵은 것같이 했다. 송양이 와서 보고는 마침내 감히 도읍을 세운 선후를 따지지 못하였다.

47 [원주] 큰사슴을 '고라니[麂]'라고 한다.

동명왕 즉시 채찍 들어   東明卽以鞭,

물결을 가르자 물이 줄거늘   畫水水停沸.

송양은 나라를 들어 항복하고   松讓擧國降,

이 뒤로 우리를 비방하지 않았네[48]   是後莫予訾.

검은 구름이 골령을 뒤덮어   玄雲冪鶻嶺,

뻗어있는 산들이 안 뵈는데   不見山邐迤.

수천의 사람들이   有人數千許,

나무를 찍는 듯한 소리 들리니   跡木聲髣髴.

동명왕 말씀하되, "하늘이 나를 위해   王曰天爲我,

이 터에 성을 쌓는구나"   築城於其趾.

문득 구름과 안개 흩어지니   忽然雲霧散,

우뚝한 궁궐이 산처럼 서 있다네[49]   宮闕高嵽嵲.

열아홉 해를 왕위에 계시다   在位十九年,

하늘에 올라갔도다[50]   升天不下莅.

---

48 [원주] 서쪽으로 사냥을 나가 흰 사슴 한 마리를 잡았는데, 해원 땅에 거꾸로 매달고 저주하기를, "하늘이 만일 비를 내려 비류왕의 도읍을 떠내려가게 하지 않는다면, 내 너를 놓아주지 않을 것이다. 이 곤란을 면하려거든, 네가 하늘에 호소하라" 하였다. 사슴이 슬피 울어 소리가 하늘에 사무치니, 장마비가 이레를 퍼부어 송양의 도읍을 떠내려가게 하였다. 송양은 갈대 줄을 강물에 가로질러 놓고 압마鴨馬를 탔고, 백성들은 모두 그 줄을 부여잡았다. 주몽이 채찍으로 물결을 가르자 물이 곧 줄어들었다. 6월에 송양이 나라를 들어 항복하였다.……

49 [원주] 7월에 검은 구름이 골령에서 일어났는데, 산은 보이지 않고 수천 명의 소리가 토목공사를 하는 것같이 들렸다. 왕이 말하기를, "하늘이 나를 위하여 성을 쌓는 것이다" 하였다. 7일 만에 운무가 걷히니, 성곽과 궁궐, 누대가 저절로 이루어졌다. 왕이 하느님께 절하여 감사하고 들어가 살았다.

50 [원주] 가을 9월에 동명왕이 하늘에 올라가 내려오지 않으니, 이때 나이 40이었다. 태자는 왕이 남긴 옥 채찍을 대신 용산龍山에 장사하였다.……

포부 크고 기절을 지닌	俶儻有奇節,
맏아들 유리는	元子曰類利.
칼을 찾아내어 부왕의 자리 잇고	得劍繼父位,
깨진 동이 도로 막아 욕을 멈추게 하였네[51]	塞盆止人詈.

   *   *   *

내(이규보) 성품 본래부터 질박하여	我性本質木,
해괴한 일 좋아하지 않았나니	性不喜奇詭.

51 [원주] 유리는 어려서부터 기이한 행동이 있었다 한다. 소년 시절 날마다 참새를 쏘며 놀았는데, 한 부인이 물동이를 이고 가는 것을 보고 쏘아 구멍을 내었다. 부인이 화가 나 욕하기를, "아비 없는 놈아! 내 물동이를 깨뜨리다니" 하였다. 유리가 크게 부끄러워, 진흙 탄환을 다시 쏘아 동이 구멍을 막아 전과 같이 만들어주고, 집에 돌아와서 어머니에게 물었다. "우리 아버지는 누구죠?" 어머니는 유리가 어리기 때문에 장난삼아 말하기를, "너는 정해진 아버지가 없다" 하였다. 유리가 울며 말하기를, "사람이 정해진 아버지가 없으면 장차 무슨 면목으로 남을 보겠습니까?" 하고, 마침내 스스로 목을 찌르려 하였다. 어머니가 깜짝 놀라 말리며, "아까 한 말은 장난삼아 한 말이다. 너의 아버지는 하느님의 손자이고 하백의 외손이시다. 부여의 신하되는 것을 마땅치 않게 여겨, 도망하여 남쪽 땅에 가서 국가를 세우셨단다. 너는 가보겠느냐?" 하니, 대답하기를, "아버지는 임금이 되어 있는데 아들은 남의 신하 노릇이나 하고 있으니, 제가 비록 재주 없지만 어찌 부끄럽지 않겠습니까?" 하였다. 어머니가, "너의 아버지가 떠나갈 때 말을 남기기를, '내가 일곱 고개 일곱 골짜기 돌 위 소나무에 물건을 감추어 둔 것이 있으니, 이것을 찾아내는 자는 내 자식이다'고 했느니라" 했다. 유리는 산골짜기에 가서 뒤지다가 찾지 못하고 지쳐 돌아왔다. 유리가 마루 기둥에서 슬픈 소리가 나는 것을 들었는데, 기둥은 돌 위의 소나무였고 나무 모양이 일곱 모서리였다. 유리가 스스로 풀기를, "일곱 고개 일곱 골짜기라는 것은 일곱 모서리이고, 돌 위의 소나무라는 것은 기둥이구나" 하고, 일어나 다가가 살펴보니 기둥 위에 구멍이 있었다. 그 구멍에서 부러진 칼 한 조각을 얻고 크게 기뻐하였다. 전한前漢 홍가鴻嘉 4년 여름 4월에 고구려로 달려가 칼 한 조각을 왕께 올렸다. 왕이 가지고 있던 부러진 한 동강이 칼을 내어 합하니, 피가 나면서 이어져 온전한 칼이 되었다. 왕이 유리에게, "네가 정말 내 자식이라면 무슨 신성함이 있느냐?" 하니, 유리가 즉시 몸을 날리어 공중에 솟구쳐 창구멍으로 새어 드는 햇빛을 타서 기이한 신성을 보이니, 왕이 크게 기뻐하여 태자로 삼았다.

동명왕의 사적 처음 보고　　　　　　　初看東明事,

환귀幻鬼로 의심하였네　　　　　　　　疑幻又疑鬼.

서서히 조금씩 접해보곤　　　　　　　徐徐漸相涉,

변화무쌍함 헤아리기 어렵다 여겼네　　變化難擬議.

하물며 직필直筆의 글이어서　　　　　況是直筆文,

한 글자도 헛된 내용이 없음에랴　　　　一字無虛字.

신이하고 신이하여　　　　　　　　　神哉又神哉,

만세에 빛날 일이로다　　　　　　　　萬世之所戱.

생각건대 나라를 처음 세운 임금은　　　因思草創君,

성스럽지 않았다면 어찌 가능했으랴　　非聖卽何以.

유온은 큰 못에서 쉬다가　　　　　　劉媼息大澤,

신인을 꿈에서 만났는데　　　　　　　遇神於夢寐.

천둥 번개 캄캄해지더니　　　　　　　雷電塞晦暝,

괴이한 교룡이 서려 있었다　　　　　　蛟龍盤怪傀.

그로 인해 임신하여　　　　　　　　　因之卽有娠,

성스러운 유계를 낳았는데　　　　　　乃生聖劉季.

그가 바로 적제의 아들로　　　　　　是惟赤帝子,

나라를 일으킬 때 많은 길조가 있었다　其興多殊祚.

세조가 처음 태어날 때　　　　　　　世祖始生時,

밝은 빛이 온 방에 가득했는데　　　　滿室光炳煒.

적복부에 응하여서　　　　　　　　　自應赤伏符,

황건적을 소탕하였다[52]　　　　　　掃除黃巾僞.

---

52 『후한서·광무기後漢書·光武紀』에 의하면, 광무제光武帝가 장안長安에 있을 때 강화疆華가 관중
關中에서 적복부[讖文]를 받들고 왔는데, 거기에 "유수劉秀가 군사를 일으켜 무도한 자를 토벌

옛부터 제왕이 일어날 때는   自古帝王興,

상서로운 징조 많았거늘   徵瑞紛蔚蔚.

후손들은 게을러서   末嗣多怠荒,

선왕의 제사마저 끊기게 했네   共絶先王祀.

알겠노라, 수성의 임금은   乃知守成君,

부지런하고 작은 일도 조심하며   集蓼戒小毖.

관대함과 인자함으로 왕위를 지키고   守位以寬仁,

예의로 백성을 교화해야   化民由禮義.

길이길이 자손에게 전하여   永永傳子孫,

오래도록 나라를 통치하리라   御國多年紀.

하니, 사이四夷가 구름처럼 모여들고 용龍이 들판에서 싸우다가 2백 28년째 되는 해에 화덕火
德으로 임금이 되리라"라는 글귀가 적혀 있었다.

유리

"꾀꼬리 오락가락 암수 서로 의지하는데,
외로운 이내 신세 누구와 함께 돌아갈거나."

둘. 유리

유리명왕琉璃明王의 이름은 유리類利이니, 혹
은 유류孺留라고도 한다. 그는 주몽의 맏아들이고, 어머니는 예씨禮氏이다.
예전에 주몽이 부여에 있을 때, 예씨에게 장가들었는데 그녀에게 태기가 있
었다. 그녀는 주몽이 떠난 뒤에 아이를 낳았는데, 이 아이가 유리였다. 유리
가 어렸을 때, 거리에 나가 놀면서 새총으로 참새를 쏘다가 잘못 물긷는 부
인의 물동이를 깨뜨렸다. 부인이 꾸짖어 말하였다.

"이 애가 아비가 없어서 이렇게 못되었구나."

유리가 부끄럽게 여기고 돌아와서 어머니에게 물었다.

"우리 아버지는 누구죠? 지금 어디 계신가요?"

어머니가 대답하였다.

"네 아버지는 보통 사람이 아니시다. 나라에서 용납되지 않아 남쪽 지방

으로 도망하여 나라를 세우고 왕이 되셨느니라. 네 아버지가 떠날 때 나에게 말하기를, '당신이 만약 아들을 낳으면, 나의 유물이 칠각형 돌 위에 있는 소나무 밑에 숨겨져 있다고 말해주시오. 만일 이것을 찾을 수 있다면 나의 아들일 것이오'라고 말했느니라."

유리는 이 말을 듣고 바로 산골로 들어가 그것을 찾았으나 찾지 못하고 지쳐서 돌아왔다. 하루는 유리가 마루에 앉아 있었는데, 기둥과 주춧돌 사이에서 무슨 소리가 나는 듯해 다가가 살펴보니, 주춧돌이 칠각형이었다. 바로 기둥 밑을 뒤져서 부러진 한 동강이 칼을 찾아냈다. 유리는 마침내 이것을 가지고 옥지屋智·구추苟鄒·도조都祖 등 세 사람과 함께 길을 떠나 졸본卒本으로 가서, 부왕을 만나 부러진 칼을 바쳤다. 왕이 자기가 가졌던 부러진 칼 조각을 꺼내어 합쳐 보니, 이어져 하나의 칼이 되었다. 왕이 기뻐하여 그를 태자로 삼았는데, 이 때에 이르러 왕위를 잇게 된 것이다.

2년 가을 7월, 다물후多勿侯 송양松讓의 딸을 왕비로 맞았다. 9월, 서쪽 지방으로 사냥을 나가 흰 노루를 잡았다. 겨울 10월, 이상한 새들이 대궐에 모였다. 백제 시조 온조溫祚가 왕위에 올랐다. 3년 가을 7월, 골천鶻川에 별궁을 지었다. 겨울 10월, 왕비 송씨松氏가 죽었다. 왕이 다시 두 여자에게 장가들어 후취를 삼았는데, 한 사람은 화희禾姬니 골천 사람의 딸이고, 다른 한 사람은 치희雉姬니 한漢 나라 사람의 딸이었다. 두 여자는 서로 사랑을 차지하려고 다투며 화목하게 지내지 못했다. 왕은 양곡涼谷에 동궁과 서궁을 지어 각각 따로 살게 하였다. 뒷날 왕이 기산箕山으로 사냥을 나가 7일 동안 돌아오지 않았는데, 그 때 두 여인이 싸움을 벌였다. 화희가 치희를 욕하며 말했다.

"너는 한인漢人 집의 천한 계집으로, 어떻게 이토록 무례하냐."

치희는 부끄럽고 분하여 본집으로 도망가 버렸다. 왕이 이 소식을 듣고 말을 채찍질하여 쫓아갔으나, 치희는 화가 나서 돌아오지 않았다. 그 뒤 왕이 나무 밑에서 쉬다가, 꾀꼬리가 날아 모이는 것을 보고 느낌이 일어 노래를 불렀다.

"꾀꼬리 오락가락 암수 서로 의지하는데, 외로운 이 내 신세 누구와 함께 돌아갈거나." (『삼국사기』 권 13)

부분노

"힘으로 싸우기는 어렵고 꾀로 그들을 굴복시키기는 쉽습니다."

셋. 부분노

유리왕 11년(B.C. 9) 여름 4월, 왕이 여러 신하에게 말했다.

"선비鮮卑가 지세가 험한 것을 믿고 우리와 화친和親하려 하지 않으며, 유리하면 나와서 약탈하고 불리하면 들어가 지키니, 나라의 걱정거리이다. 만약 이들을 꺾을 수 있는 사람이 있다면 내가 장차 큰 상을 내리리라."

부분노가 앞으로 나와 대답하였다.

"선비는 지세가 험준한 나라고, 사람들이 용감하기만 하고 어리석습니다. 그래서 힘으로 싸우기는 어렵고 꾀로 굴복시키기는 쉽습니다."

왕이 물었다.

"그렇다면 어떻게 해야 하는가?"

부분노가 대답했다.

"첩자를 그들에게 보내어, 우리나라는 나라가 작고 군대가 약하므로 겁이 나서 움직이지 못한다고 거짓말을 하게 하면, 선비가 반드시 우리를 얕잡아 보고 대비를 하지 않을 것입니다. 제가 그 틈을 타서 정병을 거느리고 샛길로 들어가 숲 속에 숨어서 그들의 성을 노리고 있겠습니다. 이 때 왕께서 허약한 군사를 적의 성 남쪽으로 출동시킨다면, 적은 틀림없이 성을 비우고 먼 곳까지 추격해올 것입니다. 그리되면 저는 정병을 거느리고 그들의 성으로 달려들어가고, 왕께서는 용감한 기병을 거느리고 양쪽에서 협공하면 승리할 수 있을 것입니다."

왕이 이 의견을 따랐다. 선비는 과연 성문을 열고 군사를 출동시켜 추격해왔다. 이 때, 부분노가 군사를 거느리고 성으로 달려 들어가니, 선비는 이를 멀리서 바라보고 크게 놀라 다시 성안으로 달려들어 왔다. 부분노는 성문을 막고 싸워 그들을 수없이 베어 죽이고, 왕은 깃발을 들고 북을 울리며 전진하였다. 선비는 앞뒤로 적을 맞이하여, 어쩌지 못하고 힘이 다하자 항복하여 속국이 되었다. 왕이 부분노의 공로를 생각하여, 상으로 식읍食邑을 주었다. 부분노는 사양하며 말했다.

"이는 왕의 덕이지 저에게 무슨 공이 있겠습니까?"

끝내 상을 받지 않자, 왕은 황금 서른 근과 좋은 말 열 필을 하사하였다.

(『삼국사기』 권 13)

해명

"내가 힘이 센 것이 아니고, 활이 본래 강하지 않은 것이오."

넷. 해명

유리왕 27년(8) 봄 정월, 왕태자 해명이 옛 도읍에 남아 있었다. 그는 힘이 세고 용감하였다. 황룡국黃龍國 왕이 이 소문을 듣고 사신을 보내 센 활을 선사하였다. 해명이 사신 앞에서 활을 당겨 꺾어버리고 말했다.

"내가 힘이 센 것이 아니고, 활이 본래 강하지 않은 것이오."

황룡국 왕이 부끄러워하였다. 왕은 이 일을 듣고 노하여, 황룡국 왕에게 알렸다.

"해명은 자식으로서 효성이 없으니, 나를 위해 죽여주시오."

3월, 황룡국 왕이 사신을 보내 태자와 만나기를 요청하였다. 태자가 가려고 하자 어떤 사람이 만류하며 간하였다.

"지금 이웃 나라에서 이유 없이 만나자고 하니, 그들의 의도를 헤아릴[1]

수 없습니다."

태자가 말하였다.

"하늘이 나를 죽이려 하지 않는다면, 황룡국 왕이 나를 어쩌겠는가?"

드디어 떠났다. 황룡국 왕이 처음에는 그를 죽이려고 하였으나, 만나서는 감히 해치지 못하고, 예를 갖추어 돌려보냈다.

28년 봄 3월, 왕이 사람을 보내 해명에게 말했다.

"내가 도읍을 옮긴 것은, 백성들을 안정시켜 국가의 위업을 다지려는 것이었는데, 네가 나를 따르지 않고 힘이 센 것을 믿고 이웃 나라와 원한을 맺었으니, 자식된 도리가 어찌 이와 같을 수 있느냐?"

그리고 태자에게 칼을 내려주어 자결하게 하였다. 태자가 즉시 자결하려 하니, 어떤 사람이 말리면서 말했다.

"대왕의 맏아들이 이미 죽었으므로 태자께서는 후계자가 되어야 합니다. 지금 사신이 한 번 와서 말한다고 하여 자결한다면, 왕의 지시가 거짓이 아니라는 것을 어떻게 알겠습니까?"

태자가 말했다.

"지난 번 황룡국 왕이 강한 활을 보냈기에, 나는 그들이 우리나라를 업신여길까 걱정되어 일부러 활을 당겨 꺾어버려 나의 뜻을 알린 것이었는데, 뜻밖에 부왕의 꾸지람을 받았다. 이제 부왕이 나를 불효하다고 생각하여 칼을 내려 자결케 하는데, 부왕의 명령을 피할 수 있겠느냐."

태자는 여진礪津의 동쪽 언덕으로 가서 창을 땅에 꽂아 놓고, 말을 타고 달려 그 창에 부딪쳐 자결하였다. 이 때 나이가 21세였다. 태자의 예禮로 동쪽 언덕에 장사지내고, 그곳에 사당을 세웠으며, 그 지역을 창원槍原이라 불렀다. (『삼국사기』 권 13)

---

1 [원주] '測' 자가 옛 책에는 '則' 자로 되어 있는데, 이는 잘못된 것이다.

괴유

"제가 따라가서 부여왕의 머리를 베어 버리겠나이다."

다섯 · 괴유

대무신왕 4년(21) 겨울 12월, 왕이 군사를 출동시켜 부여를 치러 가다가 비류수沸流水 가에 머무르며 멀리 물가를 바라보니, 어떤 여인이 솥을 들고 장난치는 것 같았다. 가까이 가서 보니 솥만 남아 있었다. 왕이 그 솥에 밥을 짓게 하니, 불을 때기도 전에 저절로 뜨거워졌다. 이에 밥을 지어 모든 군사들을 배불리 먹일 수 있었다. 이 때 갑자기 건장한 한 사나이가 나타나 말하였다.

"이 솥은 우리 집 물건이었는데 제 누이가 잃어버렸습니다. 이제 왕께서 얻으셨으니, 제가 이 솥을 지고 왕을 따르게 해주소서."

왕은 곧 그에게 '부정負鼎' 씨라는 성을 내려주었다. 왕이 이물림利勿林에 도착하여 묵는데 밤에 쇳소리가 들려왔다. 날이 밝을 무렵에 사람을 시켜 찾아보게 하였더니 금 도장과 병기 등을 얻었다. 왕이

"이는 하늘이 내려주신 것이다"

하고, 절을 하고 받았다. 길을 떠났는데 한 사람이 나타났다. 키는 9척 가량이었으며 얼굴은 희고 눈에서 광채가 빛났다. 그는 왕에게 절을 하고 말하였다.

"저는 북명北溟 사람 괴유怪由입니다. 듣건대 대왕께서 북쪽으로 부여를 친다하니, 제가 따라 가서 부여왕의 머리를 베어버리겠나이다."

왕이 기뻐하며 허락하였다. 또 어떤 사람이 나타나 말하였다.

"저는 적곡赤谷 사람 마로麻盧입니다. 긴 창을 들고 길을 인도하겠나이다."

왕이 이를 또한 허락하였다.

5년 봄 2월, 왕이 부여국 남쪽으로 진군하였다. 그곳에는 진흙 수렁이 많았으므로 왕은 평지를 선택하여 병영을 만들고, 말안장을 풀고 병사들을 쉬게 하며, 전혀 두려워하는 기색이 없었다. 부여왕은 온 나라의 군사를 동원하여 출전하였다. 그는 고구려가 대비하지 않는 틈을 노려 기습하고자 말을 급히 몰아 진군하다가 진흙 수렁에 빠져 오도가도 못하게 되었다. 왕이 이 때 괴유에게 지시를 하니, 괴유가 칼을 뽑아 들고 고함을 지르며 공격해갔다. 부여의 1만여 군졸들이 넘어지고 쓰러지면서 버틸 수 없었다. 괴유가 곧바로 전진하여 부여왕을 잡아 목을 베었다. 부여 사람들은 이미 왕을 잃고 기세가 꺾였으나, 그래도 굴복하지 않고 고구려 군사를 여러 겹으로 포위하였다. 왕은 군량이 떨어져 군사들이 굶주리는 것을 보고 걱정되어 어찌할 바를 몰랐다. 왕이 하늘에 영험을 빌자, 갑자기 큰 안개가 끼어 지척에서도 사람과 물건을 구별하지 못한 지가 이레나 되었다. 왕은 풀로 허수아비를 만들고 허수아비에게 병기를 들게 하여 병영 안팎에 세워서 병사처럼 보이도록 위장하였다. 그리고 샛길로 밤을 도와 몰래 행군하였는데, 이 와중에 골구천骨句川에서 얻은 신마神馬와 비류수 상류에서 얻은 큰 솥을 잃어 버렸다. 이물림에 이르러 군사들이 배고파 일어나지 못하므로 들짐승을 잡아 군사들에게 먹였다. 왕이 본국으로 돌아와서 여러 신하들을 모아놓고 음지飮至의 예식을 거행하면서 말했다.

"내가 부덕하여 경솔하게 부여를 공격하였다. 비록 그곳 왕을 죽였으나 나라를 멸망시키지 못하였으며, 또한 우리 군사와 물자를 많이 잃었으니, 이는 나의 잘못이다."

곧바로 전사자를 직접 조상하고, 부상당한 자를 문병하여 백성들을 위로하였다. 이에 백성들이 왕의 덕행과 의리에 감동하여, 모두 나랏일에 목숨을 바치기로 다짐하였다. 3월, 신마 거루駏驤가 부여의 말 백 필을 거느리고 학반령鶴盤嶺 아래 차회곡車廻谷으로 들어왔다. 여름 4월, 부여왕 대소帶素의 아우가 갈사수曷思水 가에 이르러 나라를 세우고 왕을 자칭하였다. 이 사람은 부여왕 금와金蛙의 막내아들인데, 역사서에는 그의 이름이 전해지지 않는다. 당초 대소가 살해당할 때 그는 장차 나라가 망할 것을 알고, 자기를 따르는 자 백여 명을 데리고 압록곡鴨淥谷에 이르렀다가, 사냥 나온 해두국海頭國 왕을 죽이고 그의 백성을 빼앗았다. 이 때에 이르러 처음으로 도읍을 정하였는데, 이 사람이 곧 갈사왕曷思王이다. 가을 7월, 부여왕의 종제從弟가 백성들에게,

"우리 선왕이 별세하고 나라가 멸망하여 백성이 의지할 곳이 없고, 왕의 아우는 도망하여 갈사에 도읍을 정하였으며, 나 역시 불초하여 나라를 부흥시킬 수가 없다"

라고 말하고, 만여 명을 데리고 귀순하여 왔다. 왕이 그를 왕으로 봉하여 연나부掾那部에 있게 하고, 그의 등에 줄무늬가 있다 하여 낙絡 씨를 내려 주었다. 겨울 10월, 괴유가 죽었다. 처음 그의 병이 위독했을 때, 왕이 직접 가서 문병하였다. 그 때 괴유가 말하였다.

"저는 북명의 미천한 사람으로서, 왕의 두터운 은혜를 여러 번 입었습니다. 비록 죽어도 산 것과 다름없습니다. 은혜에 보답할 것을 감히 잊지 못할 것입니다"

왕이 그의 말을 훌륭하게 여겼고, 또 큰 공로가 있었기 때문에 북명산 남
쪽에 장사지내고, 관리에게 명령하여 철에 따라 제사지내게 하였다.

(『삼국사기』 권 14)

을두지

"계략으로 그들을 공격할 수 있을지언정 힘으로는 이길 수 없습니다."

여섯. 을두지

대무신왕 11년(28) 가을 7월, 한의 요동 태수가
군사를 거느리고 공격해왔다. 왕이 여러 신하들을 모아 놓고, 공격과 방어에
대한 계책을 물었다. 우보 송옥구松屋句가 말했다.

"제가 듣건대 덕을 믿는 자는 흥성하고, 힘을 믿는 자는 망한다 하였습니
다. 지금 중국에는 흉년이 들어 도적들이 봉기하고 있는데, 이유없이 군사를
일으켰습니다. 이는 임금과 신하가 정한 정책이 아니라 필시 변방의 장수가
사욕을 채울 목적으로 우리나라를 무단 침범한 것입니다. 이는 하늘의 이치
에 위배되고, 사람의 도리에 어긋나는 행위입니다. 그들의 군사는 결코 성공
하지 못할 것이니, 우리가 험준한 지형에 의지하였다가 불시에 기습을 한다
면, 적을 반드시 이길 수 있을 것입니다."

좌보 을두지乙豆智가 말했다.

"수가 적은 편은 강하다 할지라도, 결국은 수가 많은 편에게 잡히게 됩니다. 제가 대왕의 군사와 한 나라 군사 중에 어느 편이 많은가를 헤아려 보았는데, 계략으로 그들을 공격할 수 있을지언정 힘으로는 이길 수 없습니다."

왕이 물었다.

"계략으로 공격하려면 어떻게 해야 하는가?"

을두지가 대답했다.

"지금 한 나라 군사가 멀리 와서 싸우니, 그들의 예봉을 당해 낼 수 없습니다. 대왕은 성문을 닫고 스스로 굳건히 지키면서, 적군이 피로해지기를 기다린 뒤에 나아가 공격하는 것이 좋겠습니다."

왕이 이 의견을 옳게 여기고 위나암성尉那巖城에 들어가서 수십일 동안 굳게 수비하였으나, 한 나라 군사는 포위를 풀지 않았다. 왕은 아군의 힘이 다하고 군사가 피로해졌으므로 두지에게 물었다.

"더 이상 수비할 수 없는 형세가 되었으니, 어떻게 해야 되겠는가?"

두지가 대답하였다.

"저들은, 우리가 있는 암석 지대는 물이 솟는 샘이 없다고 생각하여, 오랫동안 포위해 우리가 곤궁에 처하기를 기다리는 것입니다. 연못의 잉어를 잡아서 물풀로 싸고, 또한 약간의 맛 좋은 술을 준비하여 한 나라 군사에게 보내는 것이 좋겠습니다."

왕이 두지의 말에 따라 편지를 보내어 말했다.

"과인이 우매하여 상국에 죄를 지어, 장군으로 하여금 백만의 군사를 거느리고 우리의 경내에서 노숙케 하였다. 장군의 후의에 보답할 길이 없어, 보잘것없는 물건이나마 장군에게 보낸다."

이리하자 한 나라 장수가, 성안에 물이 있어 빠른 시간 내에 점령할 수 없겠다고 생각하였다. 이에 그들이 회답하여 말했다.

"우리 황제가 저를 어리석다 생각지 않고, 저에게 출사의 명령을 내려 대왕의 죄과를 묻게 하였습니다. 고구려 국경에 온 지 열흘이 넘도록 어찌할 바를 몰랐는데, 이제 보내 온 편지를 보니 말이 순리에 맞고 공손합니다. 제가 황제에게 이 말대로 보고하지 않을 수 있겠습니까."

그는 마침내 군사를 이끌고 물러갔다. (『삼국사기』 권 14)

詔毅素

후발소

"사람이란 잘못이 없을 수 없으니,
잘못을 능히 고칠 수 있다면 이보다 더 좋은 일이 없습니다."

일곱. 추발소

대무신왕 15년(32) 봄 3월, 대신인 구도仇都·일구
逸苟·분구焚求 등 세 사람을 축출하여 서인으로 삼았다. 이 세 사람은 비류
부沸流部의 장으로 자질이 탐욕스럽고 야비하였는데, 남의 처첩과 우마와 재
물을 함부로 빼앗으며, 자신의 욕망대로 행동했다. 만약 주지 않는 자가 있으
면 곧 매질을 하니, 사람들이 모두 분개하며 원망하였다. 왕이 이 소식을 듣
고 그들을 처형하고자 하였으나, 동녕왕의 옛 신하들이었기 때문에 차마 극
형에 처하지 못하고 축출한 것이다. 그리고 남부南部의 사자使者 추발소鄒敎
素로 하여금 그들을 대신하여 부의 장이 되게 하였다. 발소는 부임한 뒤 별
도로 큰집을 짓고 살면서 구도 등은 죄인이라 하여 마루에 오르지 못하게
하였다. 구도 등이 앞으로 나아와서 말했다.

　"우리는 소인이라 왕법을 위반하였습니다. 부끄럽고 뉘우치는 심정이야

이루 다 말할 수 없습니다. 원컨대 공이 우리의 죄과를 용서하여 새 사람이
되도록 해준다면 죽어도 한이 없겠습니다."

발소는 그들을 마루에 오르게 하여 같이 앉아서 말했다.

"사람이란 잘못이 없을 수 없으니, 잘못을 능히 고칠 수 있다면 이보다
더 좋은 일이 없습니다."

발소가 그들과 더불어 벗을 삼으니, 구도 등은 감동하면서도 부끄러워하
여 다시는 나쁜 짓을 하지 않았다. 왕이 이 소식을 듣고,

"발소는 위엄을 사용하지 않고 지혜로 악한 사람을 바로잡았으니, 유능하
다고 말할 수 있다."

라 하고, 발소에게 '대실씨大室氏'라는 성을 내려주었다. (『삼국사기』 권14)

호동

"내가 만일 해명한다면, 이것은 어머니의 죄악을 드러내는 것이며,
왕에게 근심을 끼치는 것이니, 이를 어찌 효도라 하겠는가."

여덟. 호동

대무신왕 15년(32) 여름 4월, 낙랑樂浪이 항복하
였다. 이에 앞서, 왕자 호동이 옥저沃沮 지방을 구경다니던 차에 낙랑 왕 최
리崔理가 나와 다니다가 그를 보고 물었다.

"그대의 얼굴을 보니 보통 사람이 아니오. 혹 북쪽 나라 신왕神王의 아들
이 아니오?"

낙랑왕 최리는 마침내 그를 데리고 돌아가서 자기의 딸을 아내로 삼게 하
였다. 뒷날 호동이 본국으로 돌아와 몰래 사람을 보내 최씨 딸에게 말했다.

"네가 너의 나라 무기고에 들어가서, 북과 뿔피리를 찢고 깨뜨린다면 내
가 예를 갖추어 너를 맞이할 것이고, 그렇게 하지 못하겠다면 너를 맞아들이
지 않겠다."

옛날부터 낙랑에는 북과 뿔피리가 있었는데, 적병이 쳐들어오면 저절로

울렸기 때문에 부수게 한 것이었다. 이에 최씨의 딸은 예리한 칼을 들고 몰래 무기고에 들어가 북가죽을 찢고 뿔피리의 주둥이를 깨뜨린 뒤, 이를 호동에게 알려왔다. 호동이 왕에게 권하여 낙랑을 습격하였다. 최리는 북과 나팔이 울리지 않아 방비를 하지 않았는데, 우리 군사들이 소리 없이 성 밑까지 이르게 된 뒤에야 북과 뿔피리가 모두 부수어진 것을 알았다. 그는 마침내 자기 딸을 죽이고 나와서 항복하였다.[1]

겨울 11월, 왕자 호동이 자살하였다. 호동은 왕의 둘째 왕비인 갈사왕曷思王 손녀의 소생이었다. 호동은 얼굴이 아름다워 왕이 매우 귀여워했기 때문에 이름을 '호동好童'이라고 하였다. 첫째 왕비는 호동이 적통嫡統을 빼앗아 태자가 될 것을 염려하여, 왕에게 헐뜯었다.

"호동이 저를 예로써 대우하지 아니하니, 아마도 음난한 짓을 하려나 봅니다."

왕이 대답하였다.

"너는 다른 사람의 소생이라 하여 미워하느냐?"

왕비는 왕이 자기를 믿어주지 않음을 알고, 화가 장차 자기에게 미칠 것을 두려워하여 울면서 말했다.

"청컨대 대왕께서 몰래 엿보아 만약 이런 일이 없다면, 제가 죄를 받겠습니다."

이렇게 되자 왕은 호동을 의심하지 않을 수 없어 그에게 죄를 주려 하였다. 어떤 사람이 호동에게 말했다.

"그대는 왜 스스로 억울함을 해명하지 않는가?"

호동이 대답하였다.

---

1 [원주] 혹설에는, 낙랑을 없애기 위해 청혼하여 그의 딸을 데려다가 며느리를 삼은 다음, 그녀를 본국에 돌려보내 그 병기를 부수게 하였다고 한다.

"내가 만일 해명한다면, 이것은 어머니의 죄악을 드러내는 것이며, 왕에게 근심을 끼치는 것이니, 이를 어찌 효도라 하겠는가."

호동은 곧 칼에 엎어져 자결하였다.

사신史臣은 논한다.

지금 왕이 헐뜯는 말을 믿어 죄 없는 사랑하는 아들을 죽였으니, 그의 어질지 못함은 말할 것도 없다. 그러나 호동도 죄가 없는 것은 아니니, 어째서인가? 자식으로서 아버지에게 꾸지람을 듣게 될 경우에는 마땅히 순舜 임금이 고수瞽瞍에게 했듯이 하여, 작은 매는 맞고 큰 매는 달아나 아버지를 불의不義에 빠뜨리지 않아야 한다. 호동이 이렇게 할 것을 모르고 죽지 않을 자리에 죽었으니, 소근小謹을 고집하고 대의大義에 어두웠다고 말할 수 있다. 공자公子 신생申生²과 같은 처사라 하지 않겠는가. (『삼국사기』 권 14)

─────────

2 중국 춘추시대 진晉 나라 헌공獻公의 태자였는데, 헌공의 애첩인 여희驪姬가 자기 아들 해제奚齊를 옹립하려고 모함하자, 스스로 목매 죽었다.

두로

어떤 사람이…"이제 왕이 포악한 짓을 하여 사람을 죽이니,
백성의 원수이다. 그대는 왕을 도모하라."

아홉. 두로

모본왕慕本王의 이름은 해우解憂이며[1], 대무신왕의 맏
아들이다. 민중왕閔中王[2]이 별세하자, 뒤이어 왕위에 올랐다. 그는 사람됨이
포악하고 어질지 못하여 나라 일을 돌보지 않았기 때문에 백성들이 그를 원
망하였다. 원년(48) 가을 8월, 홍수가 나서 20여 곳의 산이 무너졌다. 겨울
10월, 왕자 익翊을 세워 왕태자로 삼았다. 2년 봄, 장수를 보내 한漢의 북평
北平·어양漁陽·상곡上谷·태원太原을 습격하였다. 그러나 요동 태수 채동蔡
肜이 은혜와 신의로써 대접하므로 다시 화친하였다. 3월, 폭풍이 불어 나무

---

1 [원주] '해애루解愛婁'라고도 한다.
2 대무신왕의 아우이다.

가 뽑혔다. 여름 4월, 서리와 우박이 내렸다. 가을 8월, 사람을 보내어 국내의 굶주리는 백성들을 구제하였다.

4년, 왕이 날이 갈수록 더욱 포악해져, 앉을 때는 항상 사람을 깔고 앉으며 누울 때는 사람을 베고 누웠다. 만일 사람이 조금만 움직이면 가차없이 죽였으며, 신하들 중에 간하는 자가 있으면 그에게 활을 쏘았다. 6년 겨울 11월, 두로杜魯가 임금을 죽였다. 두로는 모본慕本 사람으로 왕을 곁에서 모시었는데, 자기가 죽임을 당할까 걱정하여 통곡하였다. 어떤 사람이 그에게 말하기를,

"대장부가 왜 우는가? 옛 사람의 말에, '나를 사랑하면 임금이요, 나를 학대하면 원수'라고 하였다. 이제 왕이 포악한 짓을 하여 사람을 죽이니, 이는 백성의 원수이다. 그대는 왕을 도모하라."

라고 하였다. 두로가 칼을 품고 왕 앞으로 나아가니, 왕이 그를 불러 앉게 하였다. 이 때 두로가 칼을 빼어 왕을 죽였다. 마침내 왕을 모본 언덕에 장사지내고, 호를 모본왕慕本王이라 하였다. (『삼국사기』 권 14)

고복장

"내가 이와 같은 무도한 시대에 사느니,
차라리 빨리 죽는 것이 낫겠다."

열ㆍ고복장

태조대왕 94년(146) 가을 7월, 수성遂成이 왜산倭山 아래서 사냥하면서 측근들에게 말했다.

"대왕이 늙었으나 죽지 않고 있는데, 나도 점점 늙어가니 기다릴 수 없다. 그대들은 나를 위하여 계책을 세우기 바란다."

측근들이 모두 대답했다.

"삼가 명령에 따르겠습니다."

이 때 어떤 사람이 홀로 나아와 말하였다.

"조금 전에 왕자께서 상서롭지 못한 말을 하였는데, 측근들이 올바른 말로 간하지 않고 모두 삼가 명령에 따르겠다고 하였으니, 이는 간사하고 아첨하는 것이라 할 수 있습니다. 내가 직언을 하려 하는데, 왕자의 생각이 어떠실지 모르겠습니다."

수성이 말하였다.

"그대가 직언을 한다면 그것은 나에게 약이 될 터인데, 무엇을 의심하겠는가?"

그 사람이 대답하였다.

"우리 대왕이 현명하여 안팎으로 반역할 마음을 가진 사람이 없는데, 왕자께서 비록 국가에 공로가 있다고 하지만 간사스럽고 아첨하는 아랫사람들을 데리고 현명한 임금을 폐위시키려 꾀하고 있습니다. 이것은 한 오라기의 실로 만 근 무게의 물건을 묶어 거꾸로 끌어당기려는 것과 무엇이 다르겠습니까. 어리석은 사람이라도 그것이 불가능하다는 것을 알 것입니다. 만일 왕자께서 생각을 바꾸어 충효와 공손함으로써 대왕을 섬기면, 대왕께서는 왕자의 어진 마음을 깊이 헤아려 반드시 왕자에게 양위할 마음을 가질 것이며, 그렇게 하지 않는다면 앞으로 화가 미칠 것입니다."

수성은 이 말을 듣고 기분이 좋지 않았다. 측근들이 그의 정직함을 시기하여 수성에게 헐뜯었다.

"왕자께서는 대왕의 나이가 많기 때문에 국가 운명이 위태로울까 염려하여, 후일에 대한 계책을 도모하려는 것이었습니다. 그런데 이 사람이 이와 같이 망령된 말을 하니, 저희는 이러한 사실이 누설되어 후환이 생길까 염려됩니다. 이 사람을 죽여 입을 막는 것이 옳다고 생각합니다."

수성이 그 말을 따랐다.

가을 8월, 왕이 장수를 보내 한漢 나라 요동遼東 서쪽 안평현安平縣을 습격하여, 대방帶方의 수령을 죽이고 낙랑樂浪 태수의 처자를 빼앗아 돌아왔다. 겨울 10월, 우보右輔 고복장高福章이 왕에게 말하였다.

"수성이 반란을 일으키려 하니, 청컨대 먼저 그를 제거하소서."

왕이 말했다.

"내가 이미 늙었고, 수성은 나라에 공이 있으므로 나는 그에게 왕위를 넘

겨주려 하니 그대는 지나치게 염려하지 마라!"

복장이 말했다.

"수성은 사람됨이 잔인하고 어질지 못합니다. 아마도 오늘 대왕의 선양을 받는다면, 내일은 대왕의 자손을 해칠 것입니다. 대왕은 어질지 못한 아우에게 은혜를 베푸는 것만 알고, 죄 없는 자손들에게 근심을 끼치는 것은 알지 못하십니다. 원컨대 대왕께서는 깊이 살피소서."

12월, 왕이 수성에게 말했다.

"내가 이미 늙어서 정사를 보기가 힘들구나. 하늘의 운수가 너에게 있으며, 또한 네가 안으로는 국정에 참여하고 밖으로는 군사에 대한 일을 총괄하여 오랫동안 나라에 공로를 쌓았으니, 진실로 신하와 백성들의 기대를 충족시킬 수 있을 것이다. 내가 의지하고 일을 맡길 적임자를 얻었다고 하겠다. 이제 왕위에 올라 길이 경사를 누릴지어다!"

왕은 곧 왕위를 내어주고 별궁으로 물러나, 태조대왕이라 칭하였다.

(차대왕 2년) 봄 3월, 우보右輔 고복장高福章을 죽였다. 복장이 죽을 때 탄식하며 말했다.

"슬프고 원통하다! 내가 그때는 선왕의 근신이었으니, 어찌 반역을 도모하는 자를 보고도 묵묵히 말을 하지 않을 수 있었겠느냐? 선왕께서 나의 말을 듣지 않아서 이 지경에 이르게 된 것이 한스럽다. 이제 임금이 막 왕위에 올랐으니 마땅히 새로운 정치와 교화를 백성에게 보여야 할 것인데도, 의롭지 않은 것으로써 한 사람의 충신을 죽이려 한다. 내가 이와 같은 무도한 시대에 사느니, 차라리 빨리 죽는 것이 낫겠다."

복장은 곧 형장에 나아갔다. 원근 사람들이 이 말을 듣고, 분노하며 애석하게 여기지 않는 자가 없었다. (『삼국사기』 권 15)

明臨答夫

명림답부

"군사가 많은 자는 싸워야 하고, 군사가 적은 자는 지켜야 한다."

열하나. 명림답부

　　　명림답부는 고구려 사람이다. 신대왕新大王 때 국상이 되었다. 한漢 나라 현도군 태수 경림耿臨이 대군을 동원하여 우리를 침공하려 하자, 왕이 여러 신하들에게 공격과 방어 가운데 어느 것이 나을 지를 물었다. 여러 사람들이 의논하여 말하였다.

　　"한 나라 군사는 병사의 수가 많은 것을 믿고 우리를 업신여기고 있습니다. 만약 나아가 싸우지 않는다면 저들은 우리를 겁쟁이라 어거 자주 친범해 올 것입니다. 그리고 우리나라는 산이 험하고 길이 좁으니, 이야말로 한 명이 관문을 지키면 만 명이 당해내지 못하는 격입니다. 따라서 한군이 비록 많다고 하지만 우리를 어찌 하지 못할 것입니다. 군사를 내보내 그들을 막으소서."

　　명림답부가 말했다.

"그렇지 않습니다. 한은 나라가 크고 백성이 많습니다. 지금 강한 군대가 멀리 와서 싸우려고 하니, 예봉을 당해낼 수 없습니다. 그리고 또 군사가 많은 자는 싸워야 하고, 군사가 적은 자는 지켜야 한다는 것이 병법의 상식입니다. 지금 한 나라 사람들은 천 리 길에 군량을 운반해 왔으므로 오랫동안 버티지는 못할 것입니다. 만약 우리가 해자를 깊이 파고 보루를 높이 쌓으며, 들판을 비워 놓고 기다린다면, 저들은 틀림없이 한 달을 넘기지 못하고 굶주리고 피곤해져서 돌아갈 것입니다. 그 때 우리가 강병을 앞세워 몰아부친다면 뜻을 이룰 것입니다."

왕이 그렇게 여겨 성을 빙 둘러 굳게 지켰다. 한 나라 군사들이 공격하였으나 승리하지 못하고, 사졸들은 굶주렸으므로 이끌고 돌아갔다. 명림답부가 수천 명의 기병을 거느리고 추격하여 좌원坐原에서 교전하였는데, 한 나라 군사는 대패하여 단 한 필의 말도 돌아가지 못하였다. 왕이 크게 기뻐하여 명림답부에게 좌원과 질산質山을 하사하여 식읍으로 삼게 하였다. 명림답부가 15년(179) 가을 9월에 죽으니 나이는 113세였다. 왕이 직접 가서 애통해하며 7일 동안 조회를 멈추었으며, 예를 갖추어 질산 땅에 장사를 치루고 묘지기 스무 집을 두었다. (『삼국사기』 권45)

을파소

"원컨대 대왕께서는 현량한 사람을 선발하여
높은 관직을 주어 큰 일을 이루소서."

열둘. 을파소

을파소는 고구려 사람이다. 국천왕國川王 때의 패자沛者 오비류於畀留와 평자評者 좌가려左可慮 등이 모두 왕의 외척으로서 권세를 제멋대로 휘두르고 불의한 일을 많이 행하자 백성들이 원망하고 분개하였다. 왕이 노하여 그들을 죽이려 하자 좌가려 등이 모반하였는데, 왕이 그들을 죽이거나 귀양을 보냈다. 왕은 드디어 명을 내려 말했다.

"근자에 벼슬이 총애받는 이에게만 주어지고, 벼슬자리에 넉이 있는 사람이 나아가지 못하여, 그 해독이 백성에게 흘러들어가 우리 왕실을 흔들었다. 이는 과인이 현명하지 못하여 초래한 일이다. 이제 너희들 4부에서는 각기 아래에 있는 현량賢良한 사람을 천거토록 하라."

이에 4부에서 모두 동부東部의 안류晏留를 천거하자 왕이 그를 불러서 국정을 맡기려 하였다. 안류가 왕에게 말했다.

"미천한 저는 용렬하고 어리석어 실로 중대한 정사에 참여할 수 없습니다. 서쪽 압록곡 좌물촌에 사는 을파소라는 사람은 유리왕의 대신이었던 을소乙素의 후손입니다. 그는 성품이 강직하고 지혜가 깊은데 세상에 쓰이지 못하여 농사를 지어 스스로 생계를 꾸리고 있습니다. 대왕께서 만일 나라를 다스리고자 하신다면 이 사람이 아니면 안될 것입니다."

왕이 사신을 보내 겸손한 말과 정중한 예로 그를 초빙하여 중외대부中畏大夫로 임명하고, 작위를 더하여 우태于台로 삼으며 말했다.

"내가 외람되이 선대의 왕업을 계승하여 신민의 위에 있게 되었으나, 덕과 자질이 부족하여 정치를 잘하지 못하고 있소. 선생이 자질을 감추고 현명함을 드러내지 않은 채 초야에 묻혀 지낸 지 오래였는데, 지금 나를 버리지 않고 선뜻 이렇게 오셨으니, 이는 나의 기쁨일 뿐만 아니라 나라의 사직과 백성의 복이오. 편안히 가르침을 받고자 하니, 공은 마음을 다하여 주기 바라오."

파소는 마음속으로는 몸을 나라에 바치고 싶었으나 맡은 바 직위가 일을 하기에는 부족하였으므로 이에 왕에게 말했다.

"노둔한 신으로서는 감히 존엄하신 명령을 감당할 수 없사오니, 원컨대 대왕께서는 현량한 사람을 선발하여 높은 관직을 주어 큰 일을 이루소서."

왕이 그의 뜻을 알아차리고 곧 국상國相을 제수하여 정사를 맡겼다. 이때 조정의 신하들과 외척들은 파소가 새로 등용되어 이전의 대신들을 이간한다 하여 그를 미워하였다. 왕은 교서를 내려 말했다.

"귀천을 막론하고 만약 국상을 따르지 않는다면 전 가족을 멸하리라."

파소는 물러 나와서 사람들에게

"때를 만나지 못하면 숨어살고, 때를 만나면 벼슬을 하는 것은 선비로서의 떳떳한 행동이다. 이제 임금께서 나를 후의로 대우하시니 어찌 다시 예전의 은거를 생각하겠는가?"

라고 말하며, 곧 지성으로 나라에 봉사하여 정교를 밝히고 상벌을 신중하게 처리하니, 백성들이 편안하고 내외가 무사하였다. 왕이 안류에게

"만일 그대의 한 마디 말이 없었다면 내가 을파소를 얻어서 그와 함께 다스리지 못하였을 것이다. 지금 모든 치적이 이루어진 것은 그대의 공로이다."

라 말하고, 그를 대사자大使者로 임명하였다. 산상왕 7년(203) 가을 8월에 을파소가 죽자 백성들이 매우 슬프게 울었다. (『삼국사기』 권45)

계수

"형께서 한 때의 분한 생각을 못 이겨
나라를 멸망시키려 함은 무슨 뜻입니까?"

열셋. 계수

산상왕山上王의 이름은 연우延優이며[1], 고국천
왕故國川王의 아우이다. 『위서魏書』에,

"주몽의 후손 궁宮은 태어나면서부터 눈을 뜨고 능히 볼 수 있었는데, 이가
태조이다. 지금 왕은 태조의 증손으로서 역시 태어나면서부터 사람을 볼 수
있었던 것이 증조 궁과 같았다. 고구려에서는 서로 같다는 말을 '위位'라고
하므로, 위궁位宮으로 이름을 지었다."

라고 하였다. 고국천왕이 아들이 없었으므로, 연우가 뒤를 이어 즉위하였다.

처음 고국천왕이 별세하였을 때, 왕후 우씨于氏는 왕이 죽은 사실을 비밀

---

1 [원주] '위궁位宮'이라고도 한다.

로 하여 발표하지 않고, 밤에 왕의 아우 발기發岐의 집에 가서 말했다.

"왕께서 후사가 없사오니, 그대가 마땅히 왕의 뒤를 이어야할 것입니다."

발기는 왕이 죽은 것을 알지 못하고 대답하였다.

"하늘의 운수는 가는 방향이 정해져 있는 것입니다. 경솔하게 논의할 수 없습니다. 더구나 부인으로서 밤에 다니는 것이 어찌 예절에 맞는다 하겠습니까."

왕후는 부끄러워 곧 연우의 집으로 갔다. 연우는 일어나 의관을 정제하고 문에 나와 맞아들여, 자리에 앉히고 주안상을 내왔다. 왕후가 말했다.

"대왕께서 돌아가셨는데 아들이 없습니다. 발기가 맏아우로서 마땅히 뒤를 이어야 되겠으나, 그는 제가 딴 마음이 있다고 생각했는지 오만무례하게 대하였습니다. 이 때문에 아주버니께 온 것입니다."

이에 연우는 더욱 예절을 극진히 하여 직접 칼을 들고 왕후에게 고기를 잘라주다가 잘못하여 손가락을 베었다. 왕후는 치마끈을 풀어 그의 다친 손가락을 싸매주었다. 왕후가 환궁하려 할 때 연우에게 말했다.

"밤이 깊어 뜻하지 않은 일이 생길까 염려됩니다. 아주버님께서 저를 대궐까지 데려다 주시지요."

연우가 그 말을 따르자, 왕후는 연우의 손을 잡고 대궐로 들어갔다. 이튿날 날이 샐 무렵에 왕후가 선왕의 명을 핑계로, 군신들로 하여금 연우를 왕으로 삼게 하였다. 발기가 듣고 크게 노하여, 군사를 동원하여 왕궁을 포위하고 외쳤다.

"형이 죽으면 아우가 왕위를 잇는 것이 예이다. 네가 차례를 어기고 건너뛰어 왕위를 찬탈했으니, 큰 죄악이다. 빨리 나오너라. 안 나오면 너의 처자식들까지 모조리 죽여버리겠다."

연우는 3일 동안 문을 닫고 나오지 않았다. 백성들도 발기를 따르는 자가 없었다. 발기는 뜻을 이루기가 어려움을 알고, 처자들과 함께 요동으로 도주

하였다. 그는 요동 태수 공손도公孫度[2]를 보고 말했다.

"저는 고구려왕 남무南武의 친동생입니다. 남무가 죽고 아들이 없는데, 저의 아우 연우가 형수 우씨와 공모하여 왕위에 올라 천륜의 대의를 어겼습니다. 저는 이 때문에 분개하여 상국으로 귀순하여 왔습니다. 원컨대 군사 3만 명만 빌려주어 연우를 치게 해주신다면, 고구려의 난을 평정할 수 있을 것입니다."

공손도가 그의 말을 들어주었다. 연우는 아우 계수로 하여금 군사를 거느리고 막게 하였는데, 한漢 나라 군사가 크게 패하였다. 계수가 스스로 선봉이 되어 도망가는 군사를 추격하였다. 발기가 계수에게 말했다.

"네가 오늘 차마 늙은 형을 죽이려느냐?"

계수가 형제간의 정의를 저버릴 수 없어 감히 그를 해치지 못하고 말했다.

"연우가 나라를 양보하지 않은 것은 비록 정의로운 행동은 아니었습니다만, 형께서 한 때의 분한 생각을 못 이겨 나라를 멸망시키려함은 무슨 뜻입니까? 죽은 뒤에 무슨 면목으로 선조들을 대하시렵니까?"

발기는 이 말을 듣고 부끄러움과 뉘우침을 이길 수 없어 달아나 배천에 이르러 스스로 목을 찔러 자결하였다. 계수가 슬피 울고 발기의 시신을 거두어 대강 장례를 치르고 돌아왔다. 왕은 슬프기도 하고 기쁘기도 하였는데, 계수를 궐내로 불러 들여 주연을 베풀고, 형제의 예로 보면서 말했다.

"발기가 타국에 병력을 청하여 국가를 침범하였으니, 죄가 이보다 더 클 수 없다. 이제 그대는 이기고도 풀어주어 죽이지 않았으니, 이미 충분한 일이었다. 그런데 그가 자결한 것을 매우 애통해하니, 그대는 도리어 나를 무도하다고 생각하는 것이 아닌가?"

---

2 [원주] '도度'는 '강康'으로 써야 옳다. 『위지魏志』에 보인다.

계수가 서글프게 눈물을 머금고 대답하였다.

"제가 지금 한 마디 말을 하고 죽기를 청합니다."

왕이 물었다.

"무슨 말인가?"

계수가 말했다.

"왕후가 비록 선왕의 유명으로 대왕을 즉위하게 하였으나, 대왕께서는 예로써 사양하지 않았으니, 이미 형은 우애하고 아우는 공손해야 한다는 의리가 없었던 것입니다. 저는 대왕의 미덕을 이루어주고자 했기 때문에 발기의 시신을 거두어 대강 장례를 치른 것인데, 이로 말미암아 대왕께 노여움을 당할 줄 어찌 알았겠습니까? 대왕께서 만약 어진 마음을 베풀어 발기의 죄악을 잊고, 형의 상례喪禮를 갖추어 장사지내신다면, 누가 대왕을 옳지 않다고 하겠습니까? 저는 이미 말을 다하였으니, 죽어도 사는 것과 같습니다. 청컨대 형리刑吏에게 나아가 달게 죽겠습니다."

왕이 그의 말을 듣고 앞으로 다가앉으며, 따뜻한 표정으로 위로하여 말했다.

"내가 불초하여 미혹됨이 없을 수 없었다. 이제 너의 말을 들으니, 진실로 나의 잘못을 알게 되었구나. 너는 나를 탓하지 말라."

동생이 왕에게 절하고, 왕도 그에게 또한 절을 하여 마음껏 즐기다가 헤어졌다. 가을 9월, 관리에게 명하여 발기의 장사를 지내되, 왕의 예로써 배령裵嶺에 묻게 하였다. 왕은 처음에 우씨 때문에 왕위를 얻게 되었으므로, 다시 장가들지 않고 우씨를 세워 왕후로 삼았다. (『삼국사기』 권 16)

밀우

"형세가 급박합니다. 신이 결사적으로 막겠사오니,
왕께서는 도망하소서."

유유

"만약 신의 계책이 이루어진다면
이 때 왕께서 공격하여 승부를 결판내소서."

밀우와 유유는 모두 고구려 사람이다. 동천왕東川王 20년(246) 위魏 나라 유주幽州 자사刺史 모구검毌丘儉이 군사를 거느리고 쳐들어와 환도성을 함락시키니, 왕이 성에서 나와 도주하였다. 위 나라 장군 왕기王頎가 왕을 추격하였다. 왕이 남옥저로 달아나고자 하여 죽령에 이르렀을 때 군사들은 거의 모두 흩어지고, 다만 동부東部의 밀우密友가 혼자 왕 옆에 있다가 왕에게 말했다.

"지금 추격병이 매우 가까이 다가 왔으니 형세가 급박합니다. 신이 결사적으로 막겠사오니, 왕께서는 도망하소서."

밀우는 드디어 결사대를 모집하여 함께 적진으로 달려가 힘껏 싸웠다. 왕은 겨우 탈출하여 가다가 산골짜기에 의지하여 흩어진 군사를 모아 방어하면서 말했다.

"만약 밀우를 찾아오는 사람이 있으면, 후한 상을 주겠다."

하부下部의 유옥구劉屋句가 앞으로 나서면서 대답하였다.

"신이 가보겠습니다."

그가 드디어 싸움터로 가서 땅에 쓰러져 있는 밀우를 발견하고, 즉시 업어 왔다. 왕이 무릎을 베어주고 한참이 지난 뒤에야 밀우는 소생했다. 왕은 샛길을 돌고 돌아 남옥저에 이르렀다. 그러나 위 나라 군사는 추격을 멈추지 않았다. 왕은 계책도 다하고 기세도 꺾이어 어찌할 줄을 몰랐다. 이 때, 동부 사람 유유紐由가 나와 말했다.

"형세가 매우 위급합니다. 그냥 죽을 수는 없습니다. 신에게 어리석은 계책이 있습니다. 음식을 차려 가지고 위 나라 군사를 대접하는 체하다가 틈을 타서 저들의 장수를 찔러 죽이겠습니다. 만약 신의 계책이 이루어진다면 이 때 왕께서 공격하여 승부를 결판내소서."

왕이 "좋다"고 하였다. 유유는 위 나라 군중에 들어가서 거짓 항복하는 체하며 말했다.

"우리 임금이 대국에 죄를 짓고 도망하여 바닷가에 이르렀으나 몸 둘 곳이 없습니다. 곧 진영 앞에 나아와 항복을 청하고 형리의 처벌을 받으려 합니다. 먼저 소신을 보내 변변치 않은 음식이나마 바쳐 따라온 사람들에게 대접하라고 하였습니다."

위 나라 장수가 이 말을 듣고 항복을 받으려 하였다. 유유는 칼을 음식 그릇에 숨겼다가 앞으로 나아가 칼을 뽑아 위장의 가슴을 찌르고 그와 함께 죽으니, 위 나라 군중이 갑자기 혼란스러워졌다. 왕이 군사를 세 길로 나누어 서둘러 그들을 공격하였다. 위군은 혼란해져 진을 정비하지 못하고 마침내 낙랑을 거쳐 물러갔다. 왕이 수도로 돌아와서 전공을 논하면서 밀우와 유유의 공로를 첫째로 삼아, 밀우에게는 거곡巨谷과 청목곡靑木谷을 하사하고, 옥구에게는 압록강과 두눌하원豆訥河原을 하사하여 식읍食邑으로 삼게 하였으며,

유유에게는 벼슬을 추증하여 구사자九使者로 삼고, 또한 그의 아들 다우多優를 대사자大使者로 삼았다. (『삼국사기』 권 45)

달가

백성들은… "이제 그가 죽었으니, 우리는 장차 누구에게 의지할 것인가?"

열다섯. 달가

서천왕 11년(280) 겨울 10월, 숙신肅愼이 쳐들어와 변방 백성들을 죽이고 해쳤다. 왕이 여러 신하들에게 말했다.

"내가 하찮은 몸으로 외람되이 왕위를 계승하였으나, 덕은 백성들을 편하게 할 수 없고 위엄은 먼 곳에 떨치지 못하여, 인근의 적들이 우리 강토를 멋대로 유린하도록 만들었다. 이제 지략 있는 신하와 용감한 장수를 얻어 외적의 예봉을 꺾고자 하여 너희들에게 자문을 구하노니 삭삭 장수가 될만한 지모를 갖춘 인재를 천거하라."

여러 신하들이 모두 말했다.

"왕의 아우 달가達賈가 용맹스럽고 지략이 있어 대장이 될 만합니다."

왕이 이에 달가를 보내 숙신을 치게 하였다. 달가는 기습병을 내어 불의에 쳐서 단로성檀盧城을 빼앗고 추장을 죽였으며, 주민 6백 여 호를 부여 남쪽

오천烏川으로 옮기고, 부락 예닐곱 곳을 항복받아 부용附庸으로 삼았다. 왕이 크게 기뻐하여 달가를 안국군安國君으로 삼고, 안팎의 군사에 관한 일을 맡겼으며, 겸하여 양맥梁貊·숙신肅愼 등의 여러 부락을 통솔하게 하였다.

17년 봄 2월, 왕의 아우인 일우逸友·소발素勃 등 두 사람이 모반하고는, 병을 핑계로 온탕溫湯으로 가서, 자기 무리들과 제멋대로 놀면서 불경한 말을 하였다. 왕이 불러 거짓으로 정승으로 임명하겠다고 하니, 그들이 이르자 왕이 힘센 무사를 시켜 잡아 죽였다.

19년 여름 4월, 왕이 신성新城에 갔다. 해곡海谷 태수가 고래의 눈을 바쳤는데, 밤에도 광채가 났다. 가을 8월, 왕이 동쪽 지방에서 사냥하다가 흰 사슴을 잡았다. 9월, 지진이 있었다. 겨울 11월, 왕이 신성에서 돌아왔다.

23년, 왕이 서거하였다. 서천의 언덕에 장례를 지내고, 시호를 서천왕이라 하였다. 봉상왕烽上王[1]의 이름은 상부相夫[2]이며, 서천왕의 태자이다. 어려서부터 교만하고 방탕하였으며, 의심과 시기가 많았다. 서천왕이 23년에 서거하자 태자가 즉위하였다.

원년(292) 봄 3월, 왕이 안국군 달가를 죽였다. 달가가 아버지뻘의 항렬에 있고 큰 공적이 있으며 백성들이 우러러보므로, 의심하여 음모를 꾸며 죽였다. 백성들은

"안국군이 아니었다면 백성들이 양맥과 숙신의 난을 면하지 못했을 것이다. 이제 그가 죽었으니, 우리는 장차 누구에게 의지할 것인가?"

라 말하고, 눈물을 뿌리며 서로 위로하지 않는 자가 없었다.

(『삼국사기』 권 17)

---

1 [원주] '치갈雉葛'이라고도 한다.
2 [원주] 혹은 '삽시루歃矢婁'라고도 한다.

을불

을불은 얼굴이 여위고 의복이 남루해져, 사람들이 그를 보고도
그가 왕손임을 알아보지 못하게 되었다.

열여섯. 을불

미천왕美川王¹의 이름은 을불乙弗²이고, 서천왕의 아들 고추가古鄒加 돌고咄固의 아들이다. 처음에 봉상왕은 아우인 돌고가 모반할 마음을 가졌다고 의심하여 죽였다. 돌고의 아들 을불은 해를 당할까 두려워 도망하였다. 처음에는 수실촌 사람 음모陰牟의 집에서 머슴살이를 하였다. 음모는 을불이 어떤 사람인지 알지 못하고 매우 혹독하게 부렸다. 자기 집 옆의 연못에서 개구리가 울면 을불로 하여금 밤마다 돌을 던져 소리가 나지 않도록 하였고, 낮이면 나무를 해오라고 독촉하여, 잠시도 쉬지 못하게 했다. 을불은 고생을 이기지 못하고 일년만에 그 집을 떠났다. 을불은 동

---

1 [원주] '호양왕好壤王'이라고도 한다.
2 [원주] 혹은 '우불憂弗'이라고도 한다.

촌 사람 재모再牟와 함께 소금 장사를 하였다. 배를 타고 압록에 가서 소금을 가지고 내려와 강 동쪽 사수촌의 인가에 머물렀다. 그 집 노파가 소금을 요구하여 한 말 가량을 주었으나, 또 달라고 하자 주지 않았다. 그러자 노파는 한스럽게 여겨 화를 내고 몰래 자기 신발을 소금 속에 묻어놓았다. 을불은 이를 모르고 소금을 지고 길을 떠났다. 노파가 쫓아와 신발을 찾아, 을불이 자기의 신발을 훔쳤다고 거짓으로 압록 수령에게 고발하였다. 수령은 신발값으로 소금을 빼앗아 노파에게 주고, 을불에게 곤장을 친 뒤 풀어주었다. 이리하여 을불은 얼굴이 여위고 의복이 남루해져, 사람들이 그를 보고도 그가 왕손임을 알아보지 못하게 되었다. 이 때 국상 창조리倉助利가 왕을 폐위하고자 하여, 먼저 북부 조불祖弗과 동부 소우蕭友 등으로 하여금 수색하여 산과 들에서 을불을 찾게 하였다. 그들이 비류하 물가에 도착하였을 때, 한 사나이가 배에 있었는데 얼굴은 비록 초췌하였으나, 행동 거지가 보통 사람과 달랐다. 소우 등은 이 사람이 을불이 아닌가 생각하고, 그에게 나아가 절을 하고 말했다.

"지금 국왕이 무도하므로 국상이 군신들과 함께 은밀히 왕을 폐위하려고 모의하고 있습니다. 왕손께서는 몸가짐이 조신하고 인자하여 사람을 사랑하므로, 조상의 유업을 이을 수 있다 하여, 저희들을 보내 받들어 뫼시게 하였습니다."

을불이 의심하여 말했다.

"저는 평민이고 왕손이 아닙니다. 다른 곳에서 알아보시지요."

소우 등이 말했다.

"지금 왕이 인심을 잃은 지 오래여서, 실로 나라의 주인이 되기에 부족합니다. 이로 인하여 여러 신하들이 왕손을 간절하게 기다리고 있습니다. 의심하지 마소서."

그들은 드디어 을불을 받들어 뫼시고 돌아왔다. 창조리가 기뻐하며 을불을 조맥 남쪽 인가에 머물게 하고, 다른 사람들이 알지 못하도록 하였다.

가을 9월에 왕이 후산 북쪽에서 사냥할 때 국상 창조리가 따라갔다. 창조리가 여러 사람들에게 말했다.

"나와 마음이 같은 자는 내가 하는 대로 하라."

그가 곧 갈대 잎을 모자에 꽂으니 여러 사람들도 모두 꽂았다. 창조리는 여러 사람의 마음이 모두 같다는 것을 알고, 드디어 그들과 함께 왕을 폐위하여 별실에 가두고, 군사들로 하여금 에워싸 지키게 하였다. 그리고 드디어 왕손을 맞아 옥새를 올려 왕위에 오르게 하였다. (『삼국사기』 권 17)

창조리

"임금이 백성을 불쌍히 여기지 않으면 仁한 것이 아니며,
신하가 임금에게 간언을 하지 않으면 忠이 아닙니다."

열일곱. 창조리

창조리는 고구려 사람인데 봉상왕烽上王 때 국상이 되었다. 당시에는 모용외慕容廆가 변경의 걱정거리이었다. 왕이 여러 신하들에게 말했다.

"모용씨는 군사가 강하여 누차 우리의 영토를 침범하니, 이를 어찌 하면 좋소?"

창조리가 대답하였다.

"북부 대형 고노자高奴子가 현명하고도 용감합니다. 대왕께서 외적을 막아 백성을 편안하게 하시려면, 고노자가 아니고는 쓸 만한 자가 없습니다."

왕이 고노자를 신성 태수로 삼으니, 모용외가 다시는 쳐들어오지 못했다.

9년 가을 8월에 왕이 15세 이상 되는 나라 안의 장정을 징발하여 궁실을 수리하자, 백성들은 식량이 부족하고 부역에 시달리게 되어 유랑 생활을 하였다. 창조리가 간하였다.

"하늘의 재앙이 거듭 발생하고 곡식이 잘 익지 않아, 백성들은 살 곳을 잃었습니다. 젊은이들은 사방으로 유랑하고, 노인과 아이들은 구렁텅이에서 뒹굴고 있으니, 지금은 참으로 하늘을 두려워하고, 백성을 걱정하며, 두렵게 여기고 자신을 반성할 때입니다. 대왕께서는 이것을 생각하지 않으시고 기아에 허덕이는 백성들을 몰아다 토목공사에 시달리게 하니, 백성의 부모된 뜻에 매우 어긋난 것입니다. 더구나 가까운 이웃에 강한 적이 있는데, 만약 우리가 피폐해진 틈을 타서 그들이 쳐들어온다면 나라와 백성을 어떻게 하시려는지요? 대왕께서는 깊이 생각하소서."

왕이 내심 화가 나 말했다.

"임금이란 백성들이 우러러보는 존재이다. 궁실이 웅장하고 화려하지 않으면 위엄을 보일 수 없다. 이제 상국은 과인을 비방함으로써 백성들의 칭송을 구하려는 것인가?"

창조리가 말했다.

"임금이 백성을 불쌍히 여기지 않으면 인仁한 것이 아니며, 신하가 임금에게 간언을 하지 않으면 충忠이 아닙니다. 신이 이미 외람되게도 국상의 자리를 채우고 있으므로 감히 말하지 않을 수 없었던 것입니다. 어찌 감히 백성의 칭송을 구해서였겠습니까?"

왕이 웃으며 말했다.

"국상은 백성을 위하여 죽으려는 것인가? 뒷말이 없기를 바란다."

창조리는 왕이 생각을 바꿀 뜻이 없음을 알고 물러나 여러 신하들과 폐위시킬 것을 모의했다. 왕은 모면할 수 없음을 알고, 스스로 목매 죽었다.

(『삼국사기』 권 49)

도 림

"소승이 어리석어 도는 알지 못합니다만,
나라의 은혜에 보답코자 합니다."

열여덟. 도림

고구려 장수왕이 몰래 백제를 치기로 마음먹고, 백제로 가서 첩자 노릇을 할 만한 사람을 찾았다. 이 때, 중 도림이 이에 응모하여 말했다.

"소승이 어리석어 도는 알지 못합니다만, 나라의 은혜에 보답코자 합니다. 대왕께서는 저를 불초한 자로 여기지 마시고 일을 시키신다면 기필코 왕명을 욕되게 하지 않을 것입니다."

왕이 기뻐하여, 비밀리에 그를 보내 백제를 속이도록 하였다. 이에 도림은 거짓으로 죄를 지어 도망하는 체하고 백제로 들어갔다. 당시의 백제왕 근개루 近蓋婁는 장기와 바둑을 좋아하였다. 도림이 대궐 문에 이르러 알렸다.

"제가 어려서부터 바둑을 배워 상당히 절묘한 경지에 들어갔으니, 왕의 측근에게 알려주기 바랍니다."

왕이 그를 불러들여 대국을 해보니 과연 국수였다. 왕은 마침내 그를 높여 상객上客으로 대우하고 매우 친하게 대해주면서 늦게 만난 것을 한탄하였다.

도림이 하루는 왕을 모시고 앉아서 조용히 말했다.

"저는 다른 나라 사람인데 왕께서 저를 소원하게 여기지 않고 많은 은혜를 베풀어 주셨습니다만, 오직 한 가지 재주로 보답했을 뿐이오, 아직 털끝만한 보탬도 드린 적이 없습니다. 이제 한 말씀 올리려 하는데, 왕의 뜻이 어떠신지 모르겠습니다."

왕이 말했다.

"우선 말해 보라. 만일 나라에 이롭다면, 이는 선생에게 바라던 바요."

도림이 말했다.

"대왕의 나라는 사방이 모두 산, 언덕, 강, 바다이니 이는 하늘이 만든 험한 지형이지 사람의 힘으로 만든 것이 아닙니다. 그러므로 사방의 이웃나라들이 감히 엿볼 마음을 갖지 못하고 다만 받들어 섬기기를 원하는데 겨를이 없을 뿐입니다. 왕께서는 마땅히 높다란 형세와 부유한 차림으로 남의 이목을 놀라게 해야 할 것인데, 성곽은 수축되지 않았고 궁실은 수리되지 않았습니다. 또한 선왕의 해골은 노천에 가매장되어 있으며, 백성의 가옥은 자주 강물에 허물어지니, 이는 대왕께서 취할 바가 아니라고 생각합니다."

왕이 말했다.

"좋소! 내가 그리 하겠노라."

이에 왕은 백성들을 모조리 징발하여, 흙을 구어 성을 쌓고, 그 안에는 궁실, 누각, 대사臺榭를 지었는데 웅장하고 화려하지 않은 것이 없었다. 또한 욱리하郁里河에서 큰돌을 가져다가 관을 만들어 부왕의 유해를 장사하고, 사성蛇城 동쪽으로부터 숭산崇山 북쪽까지 강을 따라 둑을 쌓았다. 이리하여 나라의 창고가 텅 비고 백성들이 곤궁해져서 나라가 위태롭기가 알을 포개놓은 것보다 심하였다. 이에 도림이 도망해 돌아와서 이 사실을 보고하였다. 장수왕은 기뻐하며 백제를 치기 위하여 장수들에게 군사를 나누어주었다. 근개루가 이 말을 듣고 아들 문주文周에게 말했다.

"내가 어리석고 총명하지 못하여, 간사한 사람의 말을 믿다가 이 지경에 이르렀다. 백성들은 쇠잔하고 군대는 약하니, 비록 위급한 일을 당하여도 누가 기꺼이 나를 위하여 힘써 싸우려 하겠는가? 나는 당연히 나라를 위하여 죽어야 하지만, 네가 여기에서 함께 죽는 것은 아무 이로움이 없다. 난리를 피하여 있다가 나라의 왕통을 이어야하지 않겠느냐."

문주는 곧 목협만치木刕滿致와 조미걸취祖彌桀取[1]를 데리고 남쪽으로 떠났다. 이 때 고구려의 대로對盧 제우齊于, 재증걸루再曾桀婁, 고이만년古爾萬年[2] 등이 군사를 거느리고 와서 북쪽 성을 공격한 지 7일만에 함락시키고, 남쪽 성으로 옮겨 공격하니 성안이 위험에 빠져 두려움에 떨자 왕은 도망쳐 달아났다. 고구려 장수 걸루 등이 왕과 마주쳤는데 말에서 내려 절을 하고 나서 왕의 얼굴을 향하여 세 번 침을 뱉었다. 그리고 죄목을 따진 다음 포박하여 아차성 밑으로 보내어 죽이게 하였다. 걸루와 만년은 원래 백제 사람으로서 죄를 짓고 고구려로 도망했었다. (『삼국사기』권 25)

---

1 [원주] '목협', '조미'는 모두 복성인데, 『수서』에서는 '목협'을 두 개의 성으로 보았으니, 어느 것이 옳은지 알 수 없다.
2 [원주] '재증', '고이'는 모두 복성이다.

온달

공주가 와서 관을 어루만지며
"삶과 죽음이 이미 결정났으니, 아아! 돌아가소서."

열아홉. 온달

온달은 고구려 평강왕 때 사람이다. 얼굴이 늙수구레 우스꽝스럽게 생겼지만 속마음은 순수하였다. 집안이 몹시 가난하여 항상 밥을 빌어 어머니를 봉양하였으며, 떨어진 옷과 헤진 신발로 저자거리를 왕래하였는데, 당시 사람들이 그를 지목하여 '바보 온달'이라 하였다. 평강왕의 어린딸이 울기를 좋아하였는데, 왕이 장난삼아 말했다.

"네가 항상 울어 내 귀를 시끄럽게 하니, 거서 틀림없이 사대부의 아내가 못될 것이니, '바보 온달'에게나 시집보내야겠다."

왕은 공주가 울 때마다 이런 말을 하였다. 공주의 나이 16세가 되어 왕이 상부 고씨에게 시집보내려 하니, 공주가 대답하였다.

"대왕께서 항상 말씀하시기를, 너는 반드시 온달의 아내가 되리라고 하셨는데, 오늘 무슨 까닭으로 전에 하신 말씀을 바꾸십니까? 필부도 식언을 하려 하지 않는데, 하물며 지존께서야 말할 것이 있겠습니까? 그러므로 '임금은 농담을 하지 않는다'고 하는 것입니다. 이제 대왕의 명령이 잘못되었읍니다. 소녀는 감히 받들지 못하겠습니다."

왕이 화를 내며 말했다.

"네가 내 말을 듣지 않는다면, 정말로 내 딸이 될 수 없다. 어찌 함께 살 수 있겠느냐? 너는 네 갈대로 가거라."

이에 공주는 보물 팔찌 수십 개를 팔꿈치 뒤에 묶고 궁궐을 나와 혼자 길을 떠났다. 길에서 한 사람을 만나 온달의 집을 물어, 그의 집까지 찾아갔다. 그리고 눈먼 노모를 보고 앞으로 가까이 다가가 절을 한 뒤 아들이 있는 곳을 물었다. 노모가 대답하였다.

"내 아들은 가난하고 보잘것없으니, 귀인이 가까이 할 만한 사람이 못 됩니다. 지금 그대의 체취를 맡아보니 향기가 보통이 아니고, 손을 만져보니 부드럽기가 솜과 같으니 필시 천하의 귀인인 듯합니다. 누구의 속임수로 여기까지 오게 되었소? 내 자식은 굶주림을 참다 못하여 느릅나무 껍질을 벗기려고 산 속으로 간 지 오래인데, 아직 돌아오지 않았다오."

공주가 그 집을 나와 산밑에 이르렀을 때, 온달이 느릅나무 껍질을 짊어지고 오는 것을 보았다. 공주가 그에게 속마음을 이야기하니, 온달이 발끈 화를 내며 말했다.

"여기는 어린 여자가 다닐 곳이 아니니 필시 사람이 아니라 여우나 귀신일 것이다. 나에게 가까이 오지 말라!"

온달은 끝내 돌아보지도 않고 가버렸다. 공주는 혼자 돌아와 사립문 아래에서 자고, 이튿날 아침에 다시 들어가서 모자에게 자세한 사정을 이야기하였다. 온달이 우물쭈물하며 결정을 내리지 못하고 있는데, 그의 어머니가 말했다.

"내 자식은 지극히 보잘 것 없어 귀인의 짝이 될 수 없고, 내 집은 몹시 가난하여 정말로 귀인이 거처할 수 없습니다."

공주가 대답하였다.

"옛 사람의 말에 '한 말의 곡식도 찧어 함께 먹을 수 있고, 한 자의 베도 꿰매어 함께 입을 수 있다'고 하였습니다. 진실로 마음만 맞는다면 어찌 꼭 부귀해진 뒤에만 함께 살 수 있는 것이겠습니까?"

이리하여 공주는 금팔찌를 팔아서 전지, 주택, 노비, 우마, 기물 등을 사들여, 살림 용품이 모두 구비되었다. 처음 말을 살 때, 공주가 온달에게 말했다.

"부디 저자 사람들의 말을 사지 말고, 반드시 나라 말로 병들고 여위어 내쫓긴 놈을 골라 바꾸소서."

온달이 그녀의 말대로 하였다. 공주가 부지런히 말을 먹이고 기르니, 말은 날로 살찌고 튼튼해졌다.

고구려에서는 언제나 봄 3월 3일을 기하여 낙랑 언덕에 모여서 사냥하여, 잡은 돼지와 사슴으로 하늘과 산천의 신령에게 제사를 지냈다. 그 날이 되어 왕이 사냥을 나가는데 여러 신하와 5부의 군사들이 모두 수행하였다. 이 때 온달도 기르던 말을 타고 수행하였는데, 그는 항상 앞장서서 달렸고, 포획한 짐승도 많아서 다른 사람들은 그만한 자가 없었다. 왕이 불러서 성명을 묻고는 깜짝 놀라며 기이하게 여겼다. 이 때, 후주後周의 무제武帝가 군사를 출동시켜 요동을 공격하자, 왕은 군사를 거느리고 배산拜山 들에서 맞아 싸웠다. 그 때 온달이 선봉장이 되어 질풍같이 내달려 싸워 수십 여 명의 목을 베니, 여러 군사들이 승세를 타고 힘을 내어 공격하여 크게 이겼다. 선승의 공을 논할 때에 온달을 제일로 치지 않는 사람이 없었다. 왕이 가상히 여겨 감탄하기를 "이 사람은 나의 사위다" 하고, 예를 갖추어 맞아들이고 작위를 하사하여 대형大兄으로 삼았다. 이로부터 온달에 대한 왕의 총애가 더욱 두터워졌으며, 온달의 위엄과 권세가 날로 성해졌다.

양강왕陽岡王이 즉위하자, 온달이 아뢰었다.

"지금 신라가 우리의 한수漢水 북쪽 지역을 떼내어 군현으로 삼았습니다. 그곳 백성들이 통탄하고 한스러워 하며 부모의 나라를 잊지 못하고 있습니다. 바라옵건대 대왕께서 저를 어리석고 불초하다 여기지 마시고 군사를 주신다면, 한 번 가서 우리의 영토를 도로 찾겠습니다."

왕이 이를 허락하였다. 온달은 길을 떠날 때 맹세하였다.

"계립현鷄立縣과 죽령竹嶺 서쪽의 땅을 우리에게 되돌리지 못한다면 돌아오지 않겠습니다."

드디어 가서 아단성阿旦城 밑에서 신라군과 싸우다가, 날아오는 화살에 맞아 길에서 전사하였다. 온달을 장사지내려 하였는데, 관이 움직이지 않았다. 공주가 와서 관을 어루만지며 말했다.

"삶과 죽음이 이미 결정났으니, 아아! 돌아가소서."

드디어 관이 들리어서 하관하였다. 대왕은 이 소식을 듣고 비통해 하였다.

(『삼국사기』 권 45)

을지문덕

"신기한 계책은 천문에 통달했고, 기묘한 계략은 땅의 이치를 다했도다.
전투마다 이겨 공이 이미 높으니, 만족함을 알고 그치기를 바라노라."

스물. 을지문덕

     을지문덕은 가문의 내력이 자세하지 않다. 그는 자질이 침착하고 용맹스러우며 지모가 있었고 아울러 글도 지을 줄 알았다. 수隋 나라 개황開皇[1] 연간에 양제煬帝가 조서를 내려 고구려를 공격하였는데, 좌익위 대장군 우문술于文述은 부여 길로 나오고 우익위 대장군 우중문于仲文은 낙랑 길로 니외서 9군과 함께 압록강에 이르렀다. 을지문덕이 왕의 명을 받들고 적진으로 가서 거짓으로 항복하는 체하였으니, 이는 사실 그들의 허실을 엿보려는 것이었다. 우문술과 우중문은 이보다 앞서 황제의 비밀 교지를 받았는데, 고구려의 왕이나 을지문덕을 만나거든 억류하라는 것이었다. 이에

---

1 [원주] '개황開皇'은 '대업大業'으로 써야 된다.

우중문 등은 을지문덕을 억류하려 하였는데, 위무사로 있던 상서 우승 유사룡劉士龍이 굳이 말리는 바람에 결국 을지문덕이 돌아가는 것을 들어주었다. 그리고는 이를 깊이 후회하여 사람을 보내 을지문덕을 속여서 말하기를,

"재차 의논할 일이 있으니 다시 올 수 있겠는가?"

고 하였으나, 을지문덕은 돌아보지도 않은 채 압록강을 건너왔다. 우문술과 우중문은 을지문덕을 놓친 뒤에 마음속으로 스스로 편하지가 못하였다. 우문술은 군량이 떨어졌기 때문에 돌아가려 하는데, 우중문은 정예부대로 을지문덕을 추격하면 공을 이룰 수 있다고 여겼다. 우문술이 이를 말리니, 우중문이 화를 내며 말했다.

"장군이 10만 병력에 의지하면서도 조그마한 적을 격파하지 못한다면, 무슨 낯으로 황제를 뵐 것입니까?"

우문술 등은 마지못해 그 말을 따라 압록강을 건너 을지문덕을 추격하였다. 을지문덕은 수 나라 군병에게 굶주린 기색이 있음을 보고, 그들을 피로하게 하기 위하여 싸울 때마다 번번이 달아났다. 이렇게 하여 우문술은 하루 동안에 일곱 번을 싸워 모두 승리하였다. 그들은 갑작스러운 승리를 믿고, 또 여러 사람들의 의견에 몰리기도 하여, 마침내 동쪽으로 나아가 살수를 건너 평양성과 30리 떨어진 곳에서 산을 따라 진을 쳤다. 을지문덕이 우중문에게 시를 보냈다.

신기한 계책은 천문에 통달했고	神策究天文,
기묘한 계략은 땅의 이치를 다했도다	妙算窮地理.
전투마다 이겨 공이 이미 높으니	戰勝功旣高,
만족함을 알고 그치기를 바라노라	知足願云止.

우중문이 답서를 보내 설득하니, 을지문덕은 또 사자를 보내 거짓으로 항복

을 하는 체하며 우문술에게 청했다.

"만일 군대를 돌린다면 왕을 모시고 행재소로 가서 뵙겠습니다."

우문술은 군사들이 피곤하고 기운이 쇠진하여 더 이상 싸울 수 없을 뿐만 아니라, 평양성은 험하고 견고하여 갑자기 함락시키기 어려울 것이라고 판단하였다. 이에 그 속이는 말을 따라 돌아가며 네모진 진을 만들어 떠나갔다. 을지문덕이 군사를 출동시켜 사면으로 공격하니 우문술 등은 싸우면서 떠나갔다. 그들이 살수에 이르러 군사가 절반쯤 강을 건너갔을 때, 을지문덕은 군사를 나아가게 하여 그들의 후군을 쳐서 우둔위장군 신세웅辛世雄을 죽였다. 이렇게 되자 모든 적군이 한꺼번에 허물어져 걷잡을 수가 없었다. 9군 장졸이 달아나 돌아갔는데, 하루 낮 하루 밤 사이에 압록강에 이르니 4백 50리를 간 것이었다. 처음 요수遼水를 건너 올 때 9군 30만 5천 명이었는데, 요동성에 돌아갔을 때는 2천7백 명뿐이었다. (『삼국사기』 권 44)

참고자료 - 「을지문덕」

 ### 1. 을지문덕乙支文德의 생장출신生長出身

살수전역薩水戰役이 고구려高句麗 영양왕嬰陽王 이십삼년二十三
年 곧 수양제隋煬帝 대업팔년大業八年의 일이니, 곧 조선朝鮮 기원
紀元 이구사오년二九四五年이요 서기西紀 육일이년六一二年이라.
을지문덕乙支文德이 이 전역戰役에 육군도원수陸軍都元帥인즉 문덕文德의
나이 아마 삼십이상三十以上 오십가량五十假量이리니 세기世紀로 치면 조선
朝鮮 기원紀元으로 이십구세기二十九世紀로 삼십세기三十世紀를 걸치고 서
기西紀로는 육세기六世紀로 칠세기七世紀를 걸쳐 산 인물人物이다.

전설傳說에는 을지문덕乙支文德이 평양교외平壤郊外의 석다산石多山에서
낳다하나 지금至今 평양平壤 부근附近에 돈씨頓氏가 있어 을지문덕乙支文德
의 자손子孫이라 하며 돈씨가승頓氏家乘에 을지공乙支公의 후손後孫 을지수
乙支遂가 고려高麗 인종仁宗때의 묘청란妙淸亂을 평平하야 그 공공功으로 돈산
군頓山君을 봉봉封하얏기 때문에 인因하야 돈頓으로 성성姓하얏다 하고 또 을지공
乙支公의 습사대習射臺 유지遺址가 석다산石多山 근처近處 마이산馬耳山 아
래에 있다 하얏는데 또 전설傳說에 을지공乙支公의 독서讀書하든 석굴石窟이
석다산石多山에 있다 하니 아마 을지공乙支公이 마이산馬耳山 아래에 나아
석다산石多山의 석굴石窟속에서 공부工夫하얏는지 모르겠다. 그런데 석다산
石多山은 바루 평양平壤 교외郊外가 아니라 평양平壤의 서방칠십리가량西方
七十里假量되는 강서군江西郡 증산甑山 부근附近의 해변海邊에 있다.

을지공乙支公은 가난한 집에 났다. 그러나 천성天性이 기사騎射를 좋아하
고, 독서讀書를 좋아하며 도량度量과 지략智略이 있어 시인詩人이요, 군인軍
人이요, 정치가政治家요, 대위인大偉人이다. 그러므로 중국사관中國史官이

"을지문덕선속문乙支文德善屬文"이라 "고구려대신을지문덕高句麗大臣乙支
文德, 침지유지수沈鷙有智數"라 하였다.

이때 고구려高句麗는 대개 세가호족世家豪族이 정권政權을 잡았었다. 그
런데 을지공乙支公이 정치사회政治社會에 나서게 된 것은 아마 공공이 세가
世家이거나 그렇지 아니하면 살수전역薩水戰役 이전以前부터 전공戰功이
있어 무武를 상상尙하는 고구려高句麗로 이를 상상賞하야 졸연猝然히 대관大官
이 되었는지도 모른다.

2. 을지문덕乙支文德의 유적遺跡 일화逸話

을지공乙支公의 전적戰績은 아래에 이야기하려니와 유적遺跡으로
말하면 공공의 거택居宅은 평양平壤에도 있었을 것이요 돈씨가승
頓氏家乘에는 공공의 구거지舊居地가 평양平壤의 서북西北 용악龍岳 북北쪽
에 구촌龜村이 곧 거기라 하였다.

을지공乙支公의 독서석굴讀書石窟이 석다산石多山에 있고 습사대習射臺가
마이산馬耳山에 있음은 이미 말하였다. 공공의 전장유적戰場遺蹟은 살수薩水
곧 청천강淸川江에 수군隋軍을 파파破하든 파군소破軍沼가 있고 청천강淸川江
우에 칠불시七佛寺가 있는데 이는 을지공乙支公이 수군隋君을 청천강淸川江
에 몰아넣을 때에 강江물을 줄이고 일곱 중으로 하야금 다리를 걷고 강江을
건너며 물이 정강이 밖에 안찬다 하든 칠승七僧의 기념紀念으로 된 절이다.

유적遺蹟으로 제일 큰 것은 요동遼東들에 죽어 잣바진 수군隋軍의 해골骸
骨을 몰아쌓은 경관京觀이었는데 이는 고구려高句麗가 망亡한 뒤에 당장唐將
설인귀薛仁貴가 헐어 업새고 백탑白塔을 세웠다. 이를 당태종唐太宗이 안시성
安市城에 침입侵入하였을 때에 당장唐將 울지경덕蔚遲敬德의 쌓은 것이라 함

은 또 와전訛傳이다.

또 돈씨가승頓氏家乘에 공公의 묘墓는 평양平壤 서西의 대보산大寶山 남南쪽 현암산玄岩山에 있다 하였고, 지금只今에 까지 그 자리를 지점指點하야 아는 이 많으나 세구붕퇴歲久崩頹하야 묘墓인지 아닌지 모르게 된 것은 큰 유감遺憾이다. 유감遺憾이 어찌 이것뿐이랴. 공公의 초상肖像도 전傳치 못하얏다. 또 돈씨가승頓氏家乘에 공公의 석상石像이 석다산石多山 층암層岩 상上에 있드니 창수漲水로 말미아마 해저海底에 떨어저 들어가매 그 근방촌민近傍村民들이 화공畵工 안몽앵安夢鸚을 청請하야 공公의 상像을 그리어 제祭하였다 하였는데 청천강수淸川江水에 도부倒仆한 공公의 석상石像을 근년近年에 발견發見하였으나 이것조차 두면頭面이 파괴破壞되어 보는 이로 하야금 눈물을 지우게 한다.

또 더욱 한限되는 것은 공公의 생사生死 년월年月 조차 모르는 것이요. 그 사업事業의 기록記錄도 관계외국關係外國의 사책史冊에 그 그림자를 략간略干 비칠 뿐이요. 그 공업功業을 송찬頌贊한 글人발은 볼 수가 없고, 이조李朝에와 공公의 공덕功德을 추모追慕하야 평양平壤 상광산祥光山에 충무사忠武祠를 세워 해마다 제사하게 하였으니 이는 인조仁祖 때의 일이다. 뒤에 평양平壤의 남촌南村 장곡리長谷里에 옮겼고, 또 안주성내安州城內에 공公의 사당祠堂이 있었으니 이것은 이조李朝 현종顯宗 때에 세운 것으로 그 이름을 청주사淸州祠라 하였다. 또 백여년전百餘年前에 안주사민安州士民들이 공公의 석상石像과 석비石碑를 성하城下에 세웠으니, 그 비문碑文은 진사進士 길원모吉元模의 작作으로 그 비문碑文에 가로되 공公의 비碑가 고대古代로부터 청천강淸川江 남안南岸에 있었다 하였으니, 근년近年에 발견發見된 두면頭面 파괴破壞의 석상石像도 정말 고대古代의 석상石像임을 알겠다.

3. 고수高隋의 국력國力 비교比較

영양왕嬰陽王의 부왕父王인 평원왕平原王은 어진 임금이다. 내치
內治에 힘을 들여 국력國力을 충실充實케 하였으니, 그 대개大概
를 말하면 농상農桑을 권권勸勸하야 나라이 부부富케 하였음은 물론勿論
이어니와 이때 문명文明이 한참 만숙滿熟한 시대時代라 궁성宮城의 건설建
設·시가市街의 성립成立·관사官舍의 설치設置 등等이 구비俱備하였으니,
평양平壤의 외성外城인 장안성長安城이 이때의 서울로 궁성宮城의 주위周圍
가 약約 오리五里에 금궁옥루金宮玉樓가 눈을 어리고, 시가市街는 전자형田
字形으로 구분區分하야 시구市區가 대개 일백一百 팔십구八十區이요, 평양
전시平壤全市의 인호人戶가 이십일만二十一萬 오백여호五百餘戶에, 상비병
常備兵이 삼십만三十萬이요 남은 여러 가지 중中에도 담징曇徵의 그림과 왕
산악王山岳의 금조琴調 백여곡百餘曲과 이문진李文眞의 국사백여권國史百
餘卷이 국수國粹를 당휘當輝하야 성세盛世를 장식粧飾하였다. 이때 삼국三
國의 판도版圖를 말하면, 지금只今 조선반도朝鮮半島의 충청북반忠淸北半으
로부터 만주滿洲 대폭大幅은 고구려高句麗가 차지하야 훌륭한 일대一大 제
국帝國을 이루고, 반도半島의 남南은 백제百濟·신라新羅가 분령分領하야
인구人口를 합합하야 사천만四千萬에 달달達하는데 중국中國으로 말하면 수隋
라는 이름 밑에 저의 개국이래開國以來, 남북南北이 통일統一되어 한족漢族
의 인구人口가 약約 오천만五千萬이니 조한朝漢 양민족兩民族의 인구人口
가 대개 상사相似한데 수隋의 문제文帝(양제煬帝의 부父)가 이 중국통일中國
統一의 여위餘威를 가져 고구려高句麗를 엿볼새 영양왕嬰陽王에게 보내는
국서國書에 "왕王은 생각하라 패수浿水(지금只今 요수遼水)가 넓다 한들 장강
長江(양자강楊子江)과 어떠하며 국병國兵이 많다 한들 진국陳國(수隋에게 망亡
한 강남江南의 국國)과 어떠하랴, 짐朕이 왕王의 죄과罪過를 책책責할진대 무삼

대력大力을 들이라만 그래도 은근히 효유曉喩하야 왕王의 자신自新을 바라
노라"(초역抄譯) 하였다.

영양왕嬰陽王은 고구려高句麗 계세季世의 짝 없는 영주英主이라 벌서부
터 수隋와는 양립兩立치 못할 것을 헤알여 오든 차次에 왕王의 구년九年 이
월二月에 친親히 서정西征에 임臨할세 말갈병靺鞨兵 만여萬餘로 선봉先鋒
을 삼고 강이식姜以式으로 원수元帥를 삼아 대군大軍으로 요서遼西를 격입
擊入하며 대왕大王은 후군後軍을 거늘이어 뒤를 이었다. 수문제隋文帝가 이
소문을 듣고 수륙군水陸軍 삼십만三十萬을 발發하야 조수潮水같이 구입驅入
하였다. 대왕大王이 대군大軍을 명命하야 임투관臨渝關에서 속전격파屬戰擊
破하니 적병敵兵이 퇴주退走하는 중中에 사상死傷이 과반過半이요 적敵의
병선兵船은 아我 수군水軍의 맹격猛擊과 풍랑風浪을 조遭하야 거의 복몰覆
沒하니 사자死者 십十에 팔구八九라 수隋의 거국擧國이 경황驚惶하였다. 이
전쟁戰爭이 무릇 팔개월八個月에 달達하였다.

4. 고수高隋의 재전再戰과 을지乙支의 살수대첩薩水大捷

강이식姜以式의 임투관첩臨渝關捷 후後에 영양대왕嬰陽大王의 위
엄威嚴이 사방四方에 떨치매 남북南北 린국隣國이 다 시기猜忌하는
중中 더욱 신라新羅와 백제百濟는 수隋의 고구려高句麗 재구再寇의
뜻이 있을 줄을 헤알이고 사자使者를 보내어 고구려高句麗침을 꼬드기나 수
문제隋文帝는 전겁前㤲이 있어 이를 사절謝絶하드니, 문제文帝가 죽고 그 아
들 양제煬帝가 서서는 토곡혼吐谷渾(서장西藏 지地) 동돌궐東突厥(몽고蒙古 지
地) 등等 제국諸國을 조공朝貢받고 겸兼하야 해마다 풍등豊登하야 창고倉庫가
넘쳐가고 게다가 양제煬帝는 순유巡遊를 좋아하야 삼천리三千里 운하運河(직

례성直隸城 통주通州로부터 절강성浙江省 항주抗州에까지)에 용주龍舟놀이를 하며 여러 공국貢國을 순람巡覽 할새 계민가한啓民可汗의 장帳(금今 산서성山西省)에서 고구려高句麗 사자使者를 만나 돌궐突厥이 고구려高句麗에도 조공朝貢함을 알고 고구려高句麗 시기猜忌의 마음이 꼭뒤까지 오르는데 총신寵臣 배구裵矩가 선제先帝의 부끄럼을 씻으라 꾀이고 또한 고구려高句麗 서울 평양平壤의 가려佳麗함과 개골산皆骨山(금강산金剛山)의 영수靈秀함을 침이 마르게 이야기 하야 양제煬帝의 욕심欲心을 이르켰다.

영양왕嬰陽王이 백제百濟·신라新羅가 수隋를 통통通하고 수隋의 양제煬帝가 동침東侵의 욕심欲心 있음을 미리 헤알인지라 수隋와의 작전계획作戰計劃을 의논議論할새 기만幾萬의 군사軍士는 남南으로 발발發하야 백신양국百新兩國을 경계警戒하고, 수십만병數十萬兵으로 수隋를 경비警備하는데 대왕大王은 친親히 수륙대원수水陸大元帥가 되고 을지문덕乙支文德은 육군원수陸軍元帥요 왕제王弟 건무建武는 수군원수水軍元帥라 수륙양면水陸兩面을 똑같이 보되 만일 수隋가 전쟁戰爭을 이르키면 대거침입大擧侵入하리니 저윽이 조심操心할 배라 하야 이번에는 진공進攻의 책策을 쓰지 말고 선수先守후전책後戰策으로 인민人民을 명命하야 성내城內에 입거入居케 하고 장사將士를 명命하야 가전가패假戰假敗하야 각요새各要塞에 퇴수退守하다가 적敵의 군사軍士가 피로疲勞한 뒤에 공격攻擊하기로 하였다.

영양왕嬰陽王 이십이년二十二年(서기西紀 육일일六一一) 유월六月에 수隋의 양제煬帝가 고구려高句麗 치는 조서詔書를 나리어 익년翌年 정월正月에 탁군涿郡(금今 직례성直隸省 탁현涿縣)에 집중集中케 하고 전비戰備를 하는데 새로 지은 병선兵船이 삼백三百 소艘이요, 병거兵車가 오만승五萬乘이며 (승乘은 일차一車 사마四馬) 회남淮南 강남江南의 수군水軍 칠만七萬을 발발發하야 수군水軍을 증가增加하고 군수軍需를 운반運搬하는 역부役夫만 수십만數十萬 인人이라. 수륙水陸에 떠드는 소리가 밤 낮 끄치지 아니하드라.

익년翌年 정월正月에 양제煬帝가 탁군涿郡에 이르러 제군諸軍을 절도節度할새 좌우左右 각십이군各十二軍으로 나누니 기병騎兵이 사단四團에 사십대四十隊요, 보병步兵이 사단四團에 팔십대八十隊요, 치중병輜重兵과 산병散兵이 다 각각各各 사단四團이라, 단團마다 색色을 달리하고 보병步兵이 사이사이 끼어 모다 이십사군二十四軍이 일일一日에 일군一軍씩 출발出發하야 사십일四十日만에 다 출발出發하니 수미首尾가 구백九百 육십리六十里에 뻐치고 기旗발이 하늘을 가리며 북소리 산하山河를 울리고, 어영군御營軍이 뒤를 이어 또한 팔십리八十里에 뻐치니 정병正兵이 일백一百 십삼만十三萬 삼천三千 팔백八百에 호號를 이백만二百萬이라 하고 륜운병輪運兵이 또한 일백一百 오십五十 만萬이니 중국中國 유사有史 이래以來 미증유未曾有의 대동병大動兵이라 그 침입侵入의 선로線路는 (일一)은 어영군御營軍과 기외其外 십여군十餘軍이니 양제煬帝가 친親히 거느려 요수遼水를 건너 요동遼東 각성各城을 치기로 하고 (일一)은 대장大將 우문술宇文述 등等의 구군九軍이니 또한 요수遼水를 건너 바루 평양성平壤城을 치기로 하고 수군水軍 십여만十餘萬은 수군총관水軍總管 래호아來護兒가 거느려 해로海路로 좇아 대동강大同江으로 돌아올라 우문술宇文述과 합세合勢하야 평양平壤을 치기로 하였다.

이에 계획計劃하였든 고구려高句麗 대장大將 을지문덕乙支文德이 요하북서遼河北西의 군병軍兵을 걷어 요하遼河를 직히니 삼월三月에 수군隋軍이 와 하서河西 상하上下 수백리數百里에 결진結陣하야 우글우글하며 수군隋軍 제일용장第一勇將, 선봉先鋒 맥철장麥鐵杖이 부교浮橋를 매어 하수河水를 넘으려 한다. 을지장군乙支將軍이 제장諸將으로 영격迎擊하야, 맥철장麥鐵杖 등 수십數十 장사將士와 만여萬餘 병졸兵卒을 버이고 부교浮橋를 끊었다. 수병隋兵이 물에 달려들어 부교浮橋를 다시 매며 격전激戰하는 지라 을지장군乙支將軍이 예정豫定한 계획計劃대로 거짓 패배敗하야 퇴군退軍하였다. 이에 양제煬帝가 그 전군全軍을 몰아 하수河水를 건너 요동遼東 각성各城을 위공圍攻하며 우문술宇文述 등等 구군九軍은 을지장군乙支將軍을 좇아 평양성平壤城을 치려 하였다.

이를 앞하야 래호아來護兒의 거느린 수군水軍 십여만十餘萬은 바다를 건너 패강구浿江口로 들었다. 고구려高句麗 수군원수水軍元帥 건무建武는 수군水軍을 각처各處에 숨어 있게 하고, 평양平壤 성하城下 인가人家에다 포천布泉을 걸어 널고 수병隋兵의 上陸상륙을 내버려 두었다. 수隋의 정병精兵 사만四萬이 먼저 성하城下에 돌진突進하야 금백金帛을 노략하노라 대오隊伍가 산란散亂하였다. 건무원수建武元帥가 결사대決死隊 오백명五百名으로 나곽공사羅郭空寺 중中에서 나아가 이를 돌격突擊하야 파破하고, 제군諸軍을 호령號令하야 쫓아치며 각처各處의 수군水軍이 일시一時에 나아가 함께 쳐부시니 수군隋軍이 서로 짓밟아 죽은 자者 무수無數하고, 강구江口에서 선박船舶을 격침擊沈하니 래호아來護兒 겨우 소함小艦을 타고 단신單身으로 도망逃亡하였다. "일이 이 지경地境에 이르매 수隋의 양함糧艦이 어찌 남았으랴, 우문술宇文述의 대군大軍이 평양平壤에 온다 한들 장차將次 무엇을 먹으리요."

을지장군乙支將軍이 요하遼河에서 퇴군退軍하야 수병隋兵의 허실虛實을 탐지探知하려 하야 항사자降使者의 맵시로 우문술宇文述의 진陣을 찾았다. 이에 그 허실虛實을 다 알고 돌아왔다. 우문술宇文述 등等 상하上下가 나중에야 속은 줄을 알고 사람을 빨리 보내어 다시 만나기를 청請하였으나, 일은 벌써 늦었다.

우문술宇文述 등等이 급急히 행군行軍하야 을지장군乙支將軍의 유인誘引에 빠졌다. 수병隋兵이 평양平壤에 이르니 인가人家가 말끔 비고 성내외城內外가 고요하였다. 술등述等이 을지장군乙支將軍의 칠선七戰 칠주七走에 속아 평양平壤에 왔으나, 내용內容을 알 길이 없고, 래호아來護兒의 소식消息이 감감하며 항복降伏할 문서文書 조사調査를 하는 중中이라든 고구려정부高句

麗政府의 회답回答이 오일五日을 지나 십여일十餘日이 넘어도 도무지 동정動靜이 없으므로, 제군諸軍을 지휘指揮하야 공성攻城을 시작始作하였다. 어찌 뜻하얏으랴 성상城上으로부터 외쳐 가로되 너의 수군水軍은 함몰陷沒을 당當하고 량함糧艦이 모다 침몰沉沒하였으니, 너이가 무엇을 먹고 살려느냐 우장군宇將軍아 어리석다. 칠전칠주七戰七走를 어찌 생각하는가, 일곱 번 패토록 이기었으면 그만두는 것이 어떠하냐고 비웃는 말을 전傳하고 노획虜獲한바 수수군隋水軍 장졸將卒의 인신印信·기치旗幟를 던저주며 일시一時에 기치旗幟가 사면四面에 꽂히며 소뇌, 활살이 비오듯 하였다. 술등述等이 이제야 일의 틀림을 알고, 퇴환退還할새 청천강淸川江에 이르니 물이 그리 깊지 아니한지라 다투어 건너는 중中에 상류上流에 막았든 사낭沙囊을 터 놓으니 물이 폭력暴力으로 나리밀리고 뒤의 박격迫擊이 급急하야 빠저 죽는 자者 맞어 죽는 자者 밟히어 죽는 자者 놀라 죽는 자者가 이루 셀 수가 없는데 남아 쫓겨가는 자者 일일一日 일야一夜에 사백四百 오십리五十里를 달려 도망逃亡하야 압록강鴨綠江을 건너 요동遼東에 가아 병수兵數를 점검點檢하니 술등述等의 거느린 구군九軍의 삼십만三十萬 오천五千이 겨우 이천二千 칠백七百이 되었다. 아 딱하다. 군사軍士는 백百의 하나골도 되지 못하고 군수軍需 치중輜重은 모다 고구려高句麗의 노획품虜獲品이 되었다.

또 앞서 수隋의 요동정벌遼東征伐하든 군사軍士는 요동遼東 각성各城을 쳐 하나도 함락陷落지 못하고 장졸將卒만 상상喪하였으며 더욱 오열홀烏烈忽 (요동성遼東城)에서는 아주 전몰全沒을 당當하야 삼월三月로부터 칠월七月까지 사오삭四五朔 동안에 요동遼東 벌판이 피ㅅ빛, 비린내로 화化하였다. 이에 수隋의 이십사군二十四軍의 수數 백만명百萬名이 전멸全滅되고 호분랑장위문승虎賁郎將衛文昇이 잔군殘軍 수천數千으로 양제煬帝를 보호保護하야 가지고 도망逃亡하였다. 아 전쟁戰爭에 죽은 자도 끔찍하거니와 수隋의 수백만과부數百萬寡婦는 장차將次 어찌 될 것인가 수隋 양제煬帝는 이뒤 억지로 제이회第二回·제삼회第三回의 전쟁戰爭을 일으켰으나, 다 뜻을 얻지 못하고 이내 위신威信이 떨어져 내란內亂으로하야 몸을 죽이고 나라까지 망亡하였다.

을지장군乙支將軍은 이렇듯 큰 전쟁戰爭에 큰 승리勝利를 얻고 수병隋兵의 해골骸骨을 몰아 쌓아 승전勝戰의 기념탑紀念塔을 반공半空에 둥두렷이 올리어 경관京觀이라 하였다.

이때에 고구려高句麗의 위권威權은 세계世界를 누르고 국민國民의 의기義氣는 하늘을 치받었다. 아 을지공乙支公이어 공公은 과연 사람이 아니요 신神이로다. 만일 신神이 아니요, 사람에게 두고 말한다 하면 공公은 학자學者요, 시인詩人이요, 군인軍人이요, 정치가政治家요, 대위인大偉人이로다 참 거룩 거룩 하다. 공公이어 을지공乙支公이어.

(권덕규權悳奎, 〈을지문덕乙支文德〉, 1948. 정음사正音社)

강이식

"이같이 오만무례한 글은 붓으로 회답할 것이 아니요,
칼로 회답할 것입니다."

스물하나. 강이식

강이식은 고구려 사람으로서 진주晉州 강씨姜氏의
시조이다. 고구려 영양왕嬰陽王 8년(수문제隋文帝 17, 597)에 수隋의 문제文帝
가 고구려에 글을 보내어 왔는데, 그 대략에

"짐朕이 하늘의 명령을 받아서 온 천하 백성을 모두 애육愛育하고, 왕王(고
구려왕)에게 바다 한 모퉁이를 맡긴 것은 교화敎化를 선양하여 그 지방 백성으
로 하여금 각각 그 천성天性을 다하게 하기 위한 것이다. 왕王이 매양 사신을
보내서 해마다 조공朝貢하니 아무리 번방藩邦이라 하겠지만 그 성의가 부족
하다. 왕王은 이미 짐朕의 신하이니 짐朕의 덕德을 본받는 것이 옳거든 말갈靺
鞨을 몰아내고 거란契丹의 발을 묶어 그대의 신첩臣妾을 만들어 짐朕에게
래조來朝하는 것을 막고 있으니 어찌 이같이 독해毒害가 심한가? 짐朕에게
공인工人이 적지 않으니 그대가 쓰고자 할진대 주문奏聞만 하면 얼마라도

보내줄 것인데 그대가 비밀히 재물을 써서 소인小人들을 이용하고 공인工人들을 시켜 남몰래 병기兵器를 수리修理하니 이것을 무엇에 쓰려 함인가? 고구려가 비록 땅이 좁고 인민人民이 적으나 이제 그대를 내보내면 반드시 다른 관원을 보낼 것이다. 이제라도 王이 만일 마음을 씻고 행동을 바꾼다면 곧 짐朕의 양신良臣이니 어찌 반드시 관속官屬을 두랴. 왕은 생각하라. 요수遼水가 넓다한들 장강長江과 어떠하며, 고구려 군사가 많다한들 나에게 망한 진陳나라와 어떠한가? 짐朕이 만일 생민生民들을 사랑하지 않고 왕의 죄과를 책망하고자 한다면, 한 사람의 장수를 보내면 족할 것이니 무슨 큰 칼이 필요하랴만 그래도 은근히 효유曉諭하여 왕王의 자신自新을 바라노라."

했다. 영양왕嬰陽王이 이러한 모욕의 글을 받고 크게 노하여 군신群臣을 모아 회답을 보낼 것을 의논하자, 강이식姜以式이 말했다.

　"이같이 오만무례傲慢無禮한 글은 붓으로 회답할 것이 아니요, 칼로 회답할 것입니다."

　영양왕嬰陽王이 이를 옳게 여겨서 강이식姜以式으로 병마원수兵馬元帥를 삼아 정병精兵 5만을 거느리고 임투관臨渝關으로 향하지 않고, 말갈靺鞨 군사 1만으로 요서遼西를 침범하여 수隋 나라 군사를 유인하게 하고 거란契丹 군사 수천 명은 바다를 건너 지금의 산동山東을 치게 하니 이에 양국兩國의 교전交戰이 시작되었다. 그 이듬해(598)에 고구려 군사가 요서遼西에 진공進攻하여 수隋의 요서총관遼西摠管 장충張冲과 싸우다 거짓 패하여 임투관臨渝關으로 오자, 수隋 문제文帝가 30만 대병大兵을 내어 한왕漢王 양량楊諒으로 행군대총관行軍大摠管을 삼아 임투관臨渝關으로 나오고 주라후周羅睺로 수군총관水軍摠管을 삼아 바다로 나가게 하니, 주라후周羅睺가 비록 평양으로 향한다고 했지만 실상은 군량軍糧 실은 배를 거느리고 요해遼海로 들어와 양양楊諒의 대군大軍에게 군량軍糧을 공급供給하려 한 것이었다.

　이 때 강이식姜以式이 수군水軍을 거느리고 곧 바다에서 추격追擊하여 군량선軍糧船을 깨치고 나서 군중에 명령을 내려 벽루壁壘를 지키고 나가 싸우지 않으니, 수병隋兵은 양식이 다한 위에 더구나 6월의 장마를 만나 기아飢餓와 역질疫疾로 군사들이 모조리 쓰러져 죽으므로 부득이 퇴군退軍을 시작했다. 때를 기다리고 있다가 강이식姜以式이 이를 투수溏水 위에 추격追擊하여 전군全軍을 거의 섬멸시키고, 군자軍資와 병기兵器를 무수히 빼앗아 개선凱旋해 돌아왔다. 이 유명한 임투관전쟁臨渝關戰爭 이후로 수隋 문제文帝는 고구려를 두려워하여 다시 출병出兵하지 못하고 휴전休戰을 요청하는 한편, 상품교역商品交易을 다시 열어 10여 년 동안 아무 일 없이 지내게 되었으니, 이것은 오로지 강이식姜以式의 공공功功이었다. (『조선상고사』)

안시성주

성안에서는 모두 숨을 죽이고 감히 나가지 않았고,
오직 성주만이 성 위에 올라 작별 인사를 하였다.

스물들. 안시성주

안시성安市城의 성주는 역사에서 그 이름을 잃어
버렸다. 어떤 사람은 양만춘楊萬春이라고 하는데, 재주와 용맹을 겸비하였다.
　막리지莫離支의 난[1] 때 그는 성을 지키며 굴복하지 않았다. 막리지가 공
격하였으나 함락시킬 수 없었기 때문에 인하여 그에게 성을 주었다.
　당唐 나라 정관貞觀 19년(645)에 당 태종이 직접 고구려를 정벌하였다. 그
는 3월에 정주定州에 도달하여 총관 이세적李世勣, 부총관 강하왕江夏土 노
종道宗, 장수 설인귀薛仁貴·장손무기長孫無忌 등으로 하여금 장좌將佐 9명
을 거느리고 개모蓋牟·비사卑沙·백암白巖·요동遼東 등의 여러 성들을 공

---

　1 막리지莫離支의 난 : 막리지는 고구려의 최고 집정관으로, 여기서는 개소문蓋蘇文을 말함. 개소
　문이 영류왕榮留王을 죽이고 보장왕寶藏王을 세운 사건.

략하여 함락시킨 뒤 안시성으로 진격하였다.

고구려 장수 북부 누살北部耨薩[2] 고연수高延壽와 남부 누살 고혜진高惠眞 등은 그 군사 및 말갈鞻鞨의 군사 15만 명을 거느리고 안시성을 구원하러 왔다. 당 태종이 이세적과 장손무기에게 명하여 정예병 2만여 명을 거느리고 치게 하였는데, 북을 울리고 함성을 지르면서 나아가 기습하여 고구려 군사를 크게 격파하니, 고연수와 고혜진이 나와 항복하였다.

당 태종은 승전勝戰을 기념하는 비석을 산 위에 세우고, 산 이름을 '주필산駐蹕山'으로 고쳤다.

당 태종이 이세적에게 말하였다.

"안시성은 성이 험하고 군사들도 강하며, 성주城主는 재주가 있고 용감하여 개소문盖蘇文의 난 때에도 성을 지키며 굴복하지 않았던 사람이다. 건안성建安城은 안시성의 남쪽에 있는데, 군사들도 약하고 식량도 적으니 만약 불의不意에 군사를 내어 습격하면 반드시 이길 것이다. 그러니 그대는 먼저 건안성을 치는 것이 좋겠다. 만약 건안성이 함락되면 안시성은 우리 뜻대로 될 것이다."

이세적이 대답하였다.

"우리의 군량軍糧은 모두 요동遼東에 있는데 지금 안시성을 넘어서 건안성을 치다가 만약 고구려 사람들이 우리의 군량 수송로를 끊으면 장차 어떻게 하겠습니까? 그러니 안시성을 먼저 치는 것만 못합니다. 안시성이 함락되면 북을 울리고 나아가 건안성을 취하면 될 따름입니다."

당 태종이 말하였다.

"그대를 장수로 삼았으니 어찌 그대의 계책을 쓰지 않겠는가? 나의 일을

---

2 누살耨薩 : 고구려 관직의 명칭.

그르치지 마라!"

드디어 안시성을 치게 되었는데, 안시성 사람들이 당 태종의 깃발과 일산日傘을 바라보고 성위에 올라서서 북을 울리며 고함을 쳐댔다.

당 태종이 크게 노하자 이세적은 성을 함락시키는 날에 남자들을 모조리 구덩이에 산 채로 파묻어 버리라고 청하였다.

안시성 사람들은 그 말을 듣고 더욱 굳게 성을 지켰다.

고연수와 고혜진이 당 태종에게 청하였다.

"저희들이 이미 대국大國에 몸을 맡겼으니 감히 조그마한 정성이나마 바쳐 천자가 빨리 큰 공적을 이루게 하고자 합니다. 다만 안시성 사람들은 그의 가족을 소중하게 생각하여 각자 싸우는 것이므로 갑자기 함락시키기는 쉽지 않을 것입니다. 지금 저희들이 십만 대군으로도 당 나라 깃발만 보고 도망했기 때문에 이 나라 사람들이 크게 놀라고 있습니다. 오골성烏骨城의 누살은 늙어서 그 성을 굳게 지키지 못할 것이니, 군사를 옮겨서 친다면 아침에 이르면 저녁에는 격파할 것입니다. 그 나머지 도중에 있는 작은 성들은 반드시 위풍만 바라보고도 와해되고 말 것입니다. 그런 뒤에 물자와 군량을 수습하여 북을 울리면서 전진하면 그들은 평양성을 반드시 지켜내지 못할 것입니다."

많은 신하들도 역시 말하였다.

"장량張亮[3]의 군사가 비사성에 있으니 그를 부르면 이틀이면 이를 수 있습니다. 고구려가 두려워하는 틈을 타서 그와 힘을 합하여 오골성을 함락시키고, 압록강을 건너가 곧바로 평양성을 취하는 것이 이번 거사擧事에 달렸습니다."

────────

3 장량張亮: 해로海路로 침입하여 비사성卑沙城을 강점한 자.

당 태종이 그 말을 따르려 하였는데 유독 장손무기만 다음과 같이 말하였다.

"천자가 친히 원정하는 것은 여러 장수들과는 달라서 위험을 감수하면서 요행을 바랄 수는 없습니다. 지금 건안성과 신성新城의 적들이 아직도 십만 명이나 되는데 만일 우리가 오골성으로 향한다면 그들은 반드시 우리의 뒤를 쫓을 것입니다. 그러니 먼저 안시성을 격파하고 건안성을 취한 뒤에 멀리 진군하는 것만 못하니, 이것이 가장 안전한 계책입니다."

당 태종은 이에 평양으로 진공할 계획을 중지하였다.

이에 여러 장수들이 급히 안시성을 공격하였는데, 당 태종이 성안에서 닭과 돼지 소리가 나는 것을 듣고 이세적에게 말하였다.

"성을 포위한 지 이미 오래 되어 성안에서 밥 짓는 연기가 날로 가늘어지고 있는데, 지금 닭과 돼지 소리가 매우 시끄러우니 이것은 반드시 군사들을 잘 먹여 밤에 나와 우리를 습격하려는 것이니, 마땅히 군사를 엄중히 단속하여 대비하도록 하라."

이날 밤에 고구려 군사들이 과연 성벽에 밧줄을 매달아 내려왔다. 당 태종이 그 말을 듣고 스스로 군사를 거느리고 성 아래에 이르러 급습을 하니 고구려 군사들이 퇴각하였다.

도종에게 명령하여 여러 군사들을 독려해서 성의 동남쪽 모퉁이에 토산土山을 쌓아서 성을 압박해 오자, 성안에서도 성을 더 높이 쌓아 항거하였다. 당 나라 군사들은 순번을 나누어 하루에 6, 7 차례나 교전을 하였다. 충거衝車[4]와 포석礮石[5]으로 성루城樓와 성가퀴를 무너뜨리자, 성안에서도 그에 따라 목책木柵을 세워 막았다. 도종이 발을 다치자 당 태종이 직접 침을 놓아 주었다.

---

4 충거衝車: 성城을 공격하는 데 사용하던 병거兵車의 이름.
5 포석礮石: 돌을 퉁겨 날려서 적을 쏘는 무기.

토산을 쌓는데 밤낮으로 모두 60일 동안 쉬지 않았고 50만 명의 공을 들였다. 토산의 꼭대기는 성보다 몇 길이나 더 높아 성안을 내려다볼 수 있었다. 도종이 과의果毅[6] 부복애傅伏愛로 하여금 군사를 거느리고 토산 꼭대기에 주둔하여 적을 대비하게 하였는데, 토산이 갑자기 무너지면서 성을 짓눌러 성이 무너졌다. 마침 부복애는 사사로이 지키던 곳을 떠나 있었기 때문에 우리 군사 수백 명이 성이 무너진 곳을 따라 나가 싸워서 드디어 토산을 빼앗아 점거하여 참호를 파고 지켰다.

당 태종이 노하여 부복애의 목을 베어 조리돌리고, 여러 장수들에게 명하여 공격하게 하였으나 3일이 지나도 이길 수가 없었다. 도종이 맨발로 당 태종의 앞에 나아가 죄를 청하니, 당 태종이 말하였다.

"너의 죄는 죽어 마땅하지만, 다만 나는 한 무제漢武帝가 왕회王恢를 죽인 것[7]이 진 목공秦穆公이 맹명孟明을 등용한 것[8]만 못하다고 여기며, 또한 개모성과 요동성을 격파한 공이 있기 때문에 특별히 너를 용서하는 것일 뿐이다."

이 때는 이미 늦가을이라 변방의 스산한 바람이 요란하게 불어댔다. 당 태종은 요동은 일찍 추워져서 풀이 마르고 물이 얼어 군사와 말들이 오래 머무르기 어렵다고 생각하여, 군사를 돌이키도록 명령하였다. 먼저 요동성과 개모성의 두 고을의 주민을 뽑아서 요수遼水를 건너게 하고, 이에 안시성 아래에서 무력을 과시하고 돌아갔다. 성안에서는 모두 숨을 죽이고 감히 나가지 않았고, 오직 성주만이 성 위에 올라 삭별 인사를 하였다. 당 태종은 성주

---

6 과의果毅: 당 나라 때 부병府兵을 통솔하던 무관武官의 이름.

7 왕회王恢는 한 무제漢武帝의 반대에도 불구하고 흉노匈奴를 정벌하여 실패하자 죽음을 당했다.

8 전국시대 진秦 나라의 맹명孟明은 진晉 나라를 정벌하여 대패하였으나 진 목공秦穆公이 여전히 다시 등용하였다.

가 성을 굳게 지킨 것을 가상히 여겨 비단 백 필을 주어 임금을 섬기는 충성을 격려하였다.

이세적과 도종에게 명하여 후군後軍으로 서게 하고 당 태종은 요수를 건너는데, 진흙탕을 만나 수레와 말들이 통행할 수 없으므로 장손무기가 수레로 다리를 삼아서 그 이듬해 정월에야 당 나라 수도로 돌아갔다.

이 전쟁에서 당 나라는 현도玄菟·횡산橫山·개모蓋牟·마미磨米·백암白巖·비사卑沙·협곡夾谷·은산銀山·후황後黃 등 열 개 성을 함락시켰다. 그러나 신성新城·건안建安·주필駐蹕의 세 곳의 큰 전투에서 당 나라 군사와 말들이 죽은 것이 열에 일곱, 여덟이나 되었는데도 성공하지 못한 것을 당 태종은 깊이 후회하면서 탄식하였다.

"위징魏徵[9]이 만약 살아 있었다면 어찌 나로 하여금 이러한 행동을 하게 하였겠는가?"

그리고는 역마驛馬를 타고 달려가서 위징의 묘에 제사를 지내게 했다.

조선朝鮮의 홍양호洪良浩[10]가 일찍이 건륭乾隆 연간年間에 사신으로 연경燕京에 가면서 낭자점娘子店을 지나게 되었는데, 그 곳은 안시성과 거리가 백여 리 되는 곳이었다. 시골 사람들이 다음과 같은 말을 전해 주었다.

"당 나라 문황文皇(당태종)이 안시성을 치다가 싸움에 패하였을 때, 날은 저물어 헤매다 길을 잃었다. 산 위에서 나는 닭소리를 듣고 소리나는 곳을 찾아갔더니, 어떤 부인이 문을 열고 나와 맞아들이고 밥을 지어 대접하여 요기를 할 수 있었다. 당 태종은 매우 피곤하여 잠이 들었다가 날이 밝고 나서 보니, 바로 사람이 없는 빈산이었고 그의 앞에 돌이 있었는데, 마치 닭의 벼

---

9 위징魏徵: 당 태종 때의 명신. 무려 2백여 차례나 간諫한 것으로 유명한데, 태종은 그를 공경하면서도 꺼려했다.
10 홍양호洪良浩: 영조英祖 때의 학자. 호는 이계耳溪. 이 『해동명장전海東名將傳』도 그가 지은 것임.

슬처럼 하늘에 뻗쳐 있었다. 몹시 놀라며 마음속으로 이상하게 여기면서 신의 도움이 있었다고 생각하여 수도로 돌아가고 나서 명하여 그곳에 절을 짓게 하고, 그 신령함을 나타내어 절 이름을 '계명사鷄鳴寺'라고 하였다."

나는 마음속으로 거짓이라 생각하였으나 시험 삼아 말을 달려 그곳을 찾아가 보았더니, 낭자점에서 십여 리쯤 떨어진 곳이었다. 오래된 절이 있고 불탑佛榻 위에는 나무로 만든 닭 한 마리를 안치하였는데 조각한 것이 마치 살아있는 것 같았다. 법당 아래에는 명明 나라 사람이 세운 비가 있는데 그 절의 이름을 정한 뜻을 기록하고 있었다. 이 사실이 비록 정사正史에 기록된 것은 아니지만 빠져있는 야사野史에 채울 만하다.

이에 위연히 탄식하였다.

"당당한 황제의 존귀한 몸으로 위험한 전쟁을 겪느라 거의 헤아릴 수 없는 지경에 빠졌으니 어찌 한심스럽지 않겠는가? 진실로 그 이유를 찾는다면, 실로 공을 이루었으면서도 만족할 줄 모르고, 뜻이 찼는데도 경계할 줄 모른 데서 연유한 것이니, 영원히 현명한 임금의 거울이 된다고 이를만하다."

삼가 이 전기傳記의 끝에 실어둔다. (『해동명장전』 권 1)

천개소문

"원한이 쌓이고 틈이 생긴 지 이미 오래되었으니,
만약 빼앗아간 우리 땅을 돌려주지 않는다면 전쟁을 그만둘 수가 없소."

안정복安鼎福은 『동사강목東史綱目』에서 '개소문蓋蘇文'의 성은 천泉이 아니라 '연淵'
이라며 다음과 같이 주장하였다.

『삼국사기』에는, "개소문蓋蘇文은 혹은 개금蓋金이라고도 하는데, 성姓은 천씨泉氏로
스스로 물 속에서 출생했다고 말했다"라고 되어 있다. 상고하건대 이 전傳은 모두 『당
서唐書』에서 주워 모아 만든 것이다. 소문蘇文의 성은 본래 '연淵'인데 당 나라 사람이
'천泉'으로 고친 것이다. 어떻게 그린 줄 아는가 하면, 신라기新羅記에 '고구려의 귀신
貴臣 연정토淵淨土가 와서 항복했다'라고 하였고, 『통고通攷』에 '정토는 소문의 아우이
다'라고 하였다. 그런즉 그의 성이 '연淵'인 것은 분명하다. 당 나라에서는 고조高祖의
휘諱를 피하여 '연淵'자를 '천泉'자로 썼으니, 도연명陶淵明을 천명泉明으로 쓴 것 같은
데에서 알 수 있다. 그러나 전설이 이미 오래되었기 때문에 본사本史를 따른다.

三國史, 蓋蘇文, 或云蓋金, 姓泉氏, 自云生水中. 按此傳皆以唐書補綴而爲之. 蘇文姓
本淵, 而唐人改泉也. 何以知其然也? 新羅記云, 高句麗貴臣淵淨土來降. 通攷云, 淨土, 蘇
文之弟. 然則其姓淵, 明矣. 唐避高祖諱, 以淵爲泉, 如以陶淵明爲泉明, 可知矣. 然傳說旣
久, 故仍本史. (『동사강목東史綱目』 부록附錄 권上, 고이考異, 「泉蓋蘇文」)

스물셋 · 천개소문

개소문蓋蘇文[1]은 성이 천泉씨인데, 스스로 물 속에서 출생했다고 말하여 여러 사람들을 현혹시켰다. 그는 풍채가 당당하고 의기意氣가 호방하였다. 그의 아버지 동부東部[2] 대인大人 대대로大對盧가 죽으매 개소문이 마땅히 그 뒤를 이어야 할 것이었는데, 나라 사람들이 그의 성품이 잔인하고 포악하다 하여 미워했기 때문에 뒤를 잇지 못하게 되었다. 개소문이 머리를 조아리며 여러 사람들에게 사죄하고 그 직무를 대행하게 해달라고 간청하면서, 만약 옳지 못한 처사가 있으면 비록 폐하더라도 후회하지 않겠다고 하였다. 여러 사람들이 불쌍히 여겨 드디어 직위의 계승을 허락하

---

1 [원주] 혹은 개금蓋金이라고도 함.
2 [원주] 혹은 서부西部라고도 함.

였으나, 그가 여전히 흉악하고 잔인하여 무도한 짓을 하므로 여러 대인들이 왕과 은밀하게 의논하여 그를 죽이려 하였으나, 일이 누설되고 말았다. 개소문은 동부東部의 군사를 전부 소집하여 마치 사열식査閱式을 거행하려는 것처럼 하면서, 아울러 성城 남쪽에 술과 음식을 성대히 차려 놓고 여러 대신들을 초청하여 함께 임하여 구경하자고 하였다. 손님들이 오자 모조리 죽였으니, 모두 백여 명에 달했다. 그는 궁중으로 달려 들어가 왕을 시해하여 여러 토막으로 잘라서 구렁텅이에 버리고, 왕의 동생의 아들 장臧을 세워 왕을 삼고 스스로 막리지莫離支가 되었으니, 그 벼슬은 당唐 나라의 병부 상서 겸 중서령唐兵部尙書兼中書令의 직위와 같았다. 이에 원근遠近을 호령하고 국사國事를 제 마음대로 하여 매우 위엄이 있었다. 그는 몸에 다섯 자루의 칼을 차고 있어 좌우의 사람들이 아무도 감히 쳐다보지 못하였다. 말에 오르내릴 때마다 항상 귀인貴人이나 무장武將을 땅에 엎드리게 하여 밟았으며, 외출할 때는 반드시 대오隊伍를 벌리고 가는데, 앞에서 인도하는 사람이 길게 외치면 사람들이 모두 달아나면서 구렁텅이나 골짜기도 마다하지 않았으니, 나라 사람들이 매우 괴롭게 여겼다.

당 태종은 개소문이 임금을 시해하고 국사를 제 마음대로 한다는 말을 듣고 토벌하려 하니, 장손무기長孫無忌가 말했다.

"개소문은 스스로 자신의 죄가 큰 것을 알고 대국大國의 토벌을 두려워하여 그에 대한 방비책을 마련했을 것입니다. 폐하께서 잠시 참고 계시면 그가 스스로 안심하고 더욱 나쁜 일을 마음대로 할 것이니, 그런 뒤에 취해도 늦지 않습니다."

당 태종이 그의 말을 따랐다.

개소문이 왕에게 고하였다.

"들건대 중국에는 삼교三敎가 병행한다고 하는데, 우리나라에는 도교道敎가 아직까지 없으니, 당 나라에 사신을 보내 구해 오기를 청합니다."

　왕이 드디어 표문表文을 보내 청하니, 당 나라에서는 도사道士 숙달叔達 등 8명을 보내고 아울러 『도덕경道德經』도 선사하였다. 이에 절간을 취하여 그들을 묵게 하였다.

　마침 신라 사신이 당 나라에 들어가 말하였다.

　"백제가 우리의 40여 성을 공격하여 빼앗고, 다시 고구려와 군사를 연합하여 중국에 조회하는 길을 끊으려 하므로, 우리나라가 부득이 출병出兵하게 되었으니, 당병唐兵의 구원을 삼가 청합니다."

　이에 당 태종이 사농승司農丞 상리현장相里玄奬에게 명하여 옥새가 찍힌 문서를 가지고 와서 고구려 왕에게 칙명을 내리게 하였다.

　"신라는 우리나라에 볼모를 잡히고 조공朝貢을 빠뜨리지 않았으니, 그대와 백제는 각각 군사를 거두어라. 만약 다시 신라를 공격한다면 내년에 군사를 일으켜 그대의 나라를 토벌할 것이다."

　처음 상리현장이 국경에 들어왔을 때 개소문은 이미 군사를 거느리고 신라를 치고 있었는데, 왕이 소환하자 이에 돌아왔다. 상리현장이 칙서를 선포하니, 개소문이 말하였다.

　"옛날 수隋 나라 사람들이 우리를 침략했을 때, 신라가 그 틈을 타서 우리의 성읍城邑 5백 리를 빼앗아 갔소. 이로부터 원한이 쌓이고 틈이 생긴지 이미 오래되었으니, 만약 빼앗아간 땅을 우리에게 돌려주지 않는다면 전쟁을 그만 둘 수가 없소."

　상리현장이 말하였다.

　"이미 지난 일을 어찌 추론追論하겠는가? 지금의 요동은 본래 모두 중국의 군군郡과 현縣이었으나 중국에서도 오히려 말하지 않거늘, 고구려만 어찌 반드시 옛 땅을 찾으려 하는가?"

　개소문은 그의 말을 따르지 않았다.

　상리현장이 돌아가서 사실대로 모두 아뢰니, 태종이 말했다.

"개소문이 임금을 시해하고 대신들을 해치고, 백성들을 잔인하게 학대하고 지금은 또한 나의 명령을 어기니 토벌하지 않을 수 없다."

태종은 다시 사신 장엄蔣儼을 보내 타일렀으나, 개소문은 끝내 조서詔書를 받들지 않고 무기로 사신을 위협하였다. 사신이 굴복하지 않으니 개소문은 드디어 그를 굴속에 가두었다. 이에 태종이 크게 군사를 일으켜 친히 정벌을 하였는데, 이 사실이 모두 「고구려 본기高句麗本紀」에 실려 있다. 개소문은 건봉乾封 원년(666)에 죽었다. (『삼국사기』 권 49)

천남생

남생은 순후하고 예의가 있었으며, 윗사람과 대화할 때 민첩하고
말재주가 있었으며, 활을 잘 쏘았다.

스물넷. 천남생

개소문의 아들 남생男生은 자字가 원덕元德이다. 9세에 아버지의 덕으로 선인先人이 되었다가 중리소형中裏小兄으로 옮기니, 당 나라의 알자謁者와 같은 벼슬이었다. 또 중리대형中裏大兄이 되어 국정國政을 맡게 되었는데, 모든 사령辭令을 전부 남생이 주관하였다. 중리위두대형中裏位頭大兄에 승진되고, 오랜 뒤에는 막리지莫離支가 되어 삼군대장군三軍大將軍을 겸임하고, 대막리지大莫離支가 더하여졌다. 그가 여러 부부를 안찰按察하러 나갔는데 아우 남건男建과 남산男産이 국사國事를 맡게 되었다. 누군가 남건과 남산에게 말하였다.

"남생은 그대들이 자기의 지위를 침범하는 것을 싫어하여 장차 제거하려 하고 있소."

남건과 남산은 그 말을 믿지 않았다.

또 어떤 자가 남생에게 말하였다.

"남건과 남산이 장차 그대를 받아들이지 않을 것이오."

그러자 남생이 첩자를 시켜 가보게 하였는데, 남건이 그를 잡아 두고 즉시 왕명王命이라고 거짓 꾸미어 남생을 소환하니, 남생이 두려워하여 감히 들어가지 못하였다. 남건이 남생의 아들 헌충을 죽이니, 남생은 달아나 국내성國內城을 지키면서 그의 무리를 거느리고 거란·말갈병과 함께 당 나라에 붙고, 아들 헌성獻誠을 보내 하소연하였다.

그러자 고종高宗이 헌성에게 우무위장군右武衛將軍을 제수하고, 수레·말·비단·보검을 주어 돌아가 보고하게 하고, 설필하력契苾何力에게 조서詔書를 내려 군사를 거느리고 가서 구원하게 하니, 남생이 이에 화를 면하였다. 고종이 남생에게 평양도행군대총관 겸 지절안무대사平壤道行軍大摠官兼持節安撫大使를 제수하니, 그는 가물哥勿·남소南蘇·창암倉巖 등의 성을 바치고 당 나라에 항복하였다. 고종이 또 서대사인西臺舍人 이건역李虔繹에게 명하여 남생의 군중軍中에 가서 위로하게 하고 도포·띠·금단추 일곱 벌을 하사하였다. 이듬해에 남생을 불러 입조入朝케 하여, 요동대도독현도군공遼東大都督玄菟郡公으로 천직遷職시키고 당 나라 서울에 집을 하사하고 인하여 조서를 내려 군중으로 돌아가게 하였다. 이적과 함께 평양을 공격하여 성 안으로 들어가 왕을 사로잡으니, 고종이 조서를 내려 남생의 아들을 보내어 요수遼水에 가서 위로하고 상을 주게 하였고, 남생이 돌아오자 우위대장군변국공右衛大將軍卞國公으로 승진시켰다. 나이 46세에 죽었다.

남생은 순후하고 예의가 있었으며, 윗사람과 대화할 때 민첩하고 말재주가 있었으며, 활을 잘 쏘았다. 그가 처음 당 나라에 갔을 때 부질斧鑕에 엎드려 대죄待罪하니 세상에서 이를 칭찬하였다. (『삼국사기』 권49)

천 헌 성

"신은 당나라의 관리들이 활쏘는 솜씨 때문에
부끄럽게 여길까 염려되오니 그만 두는 것만 못합니다."

스물다섯. 천 헌 성

헌성獻誠은 천수天授 연간年間에 우위대장군右衛
大將軍으로서 우림위羽林衛를 겸임하였다. 무후武后가 일찍이 금과 비단을
내걸고, 문무관 중에서 활을 잘 쏘는 사람 다섯 명을 뽑아, 맞히는 자에게
주기로 하였다. 내사內史 장광보張光輔가 먼저 헌성에게 양보하여 그가 제
일이 되었는데, 헌성이 후에 우왕검위대장군右王鈐衛大將軍 설토마지薛吐摩
支에게 양보하니, 설토마지는 또 헌성에게 양보하였다. 얼마 후에 헌성이 아
뢰었다.

　"폐하께서 활 잘 쏘는 사람을 뽑으셨으나 대부분 당 나라 사람이 아닙니
다. 저는 당 나라의 관리들이 활쏘는 솜씨 때문에 부끄럽게 여길까 염려되오
니 그만 두는 것만 못합니다."

　무후가 기꺼이 받아들였다.

　　내준신來俊臣이 일찍이 재물을 요구했으나 헌성이 응하지 않았는데, 내준신이 이에 헌성이 모반한다고 무고하니, 헌성을 목매어 죽였다. 무후가 후에 헌성이 원통하게 죽은 것을 알고, 우우림위대장군右羽林衛大將軍을 추증追贈하고 예를 갖추어 다시 장사지내게 하였다. (『삼국사기』 권 49)

고림

동방로가 … 말하길 "내 숱한 싸움을 겪었지만
이런 건아健兒는 아직까지 본 적이 없다."

스물여섯. 고림

고림高琳은 자字가 계민季珉이니, 그의 선조는
고구려高句麗 사람이다. 6세조 고흠高欽은 모용외慕容廆[1]에게 볼모가 되었는
데, 마침내 연燕 나라에서 벼슬을 하였다. 5세조 고종高宗은 무리를 거느리고
위魏 나라에 귀부歸附하여, 제일영민추장第一領民酋長에 임명되고 '우진씨羽
眞氏'를 성씨로 하사받았다. 조부인 고명高明과 부친인 고천高遷은 위魏 나라
에서 벼슬을 하였는데, 모두 또한 현달顯達하였다.

고림의 어머니가 일찍이 사수泗水 가에서 불계祓禊[2]를 하다가 우연히 돌

---

1 모용외慕容廆 : 선비족鮮卑族 모용씨는 3세기 초 이후, 요하遼河 유역에서 세력이 커졌다. 선비鮮卑
의 단부段部·우문부宇文部 및 고구려를 격파하여, 뒤에 전연前燕을 건국하는 기초를 이룩하였
으나, 진晉의 요서지방을 침략하다 실패하여 진에 항복하였다.

하나를 보게 되었는데, 광채가 밝고 윤이 나므로 드디어 그 돌을 가지고 돌아왔다. 이날 밤 꿈에 한 사람을 보았는데, 옷차림이 마치 신선과 같은 사람이었다. 그가 고림의 어머니에게 말하였다.

"부인이 지난번에 가져온 돌은 아름다운 부경浮磬[3]이오. 만약 소중하게 잘 간직한다면, 반드시 훌륭한 아들을 낳게 될 것이오."

그 어머니가 놀라 잠에서 깨니 온몸에 땀이 흥건하였다. 오래지 않아 임신을 하였고, 아이가 태어나자 이 꿈으로 인하여 이름을 '림琳', 자字를 '계민季珉'이라 하였다.

위魏 나라 정광正光[4] 초에 벼슬길에 나가 위부도독衛府都督이 되었다. 원천목元天穆을 따라 형고邢杲를 토벌하고 양梁 나라 장군 진경지陳慶之를 격파하여, 그 공으로 통군統軍으로 전직轉職되었다. 또 이주천광爾朱天光을 따라 만사추노万俟醜奴를 격파하였는데, 공적을 논함에 으뜸이 되어, 영삭장군寧朔將軍·봉거도위奉車都尉에 제수되었다. 후에 이주천광을 따라 한릉산韓陵山에서 패배를 당하자, 고림은 이 일로 인하여 낙양洛陽에 머물렀다.

위 나라 효무제孝武帝가 서쪽으로 천도遷都할 때 따라서 관중關中에 들어갔다. 진수溱水에 이르러 제신무齊神武에게 추격을 당하였는데, 막아서 싸워 공을 세워 거야현자鉅野縣子에 봉해지고 식읍食邑 삼백 호戶를 받았다. 대통大統[5] 초에 작위爵位가 후작侯爵으로 올라 식읍 4백 호를 더 받았으며, 용양장군龍驤將軍으로 전직되었다. 오래지 않아 직각장군直閣將軍에 제수되었다가 평서장군平西將軍으로 전직되고, 통직산기상시通直散騎常侍가 더하여 졌

---

2 불계祓禊: 신에게 빌어서 죄 혹은 부정한 것을 떨쳐 버리는 행사.

3 부경浮磬: 사수泗水가에서 나는, 경쇠를 만드는 돌. 물 위에 일부분이 드러나 있어서 떠 있는 것처럼 보인다고 함.

4 정광正光: 북위北魏 효명제孝明帝 때의 연호(520~524년).

5 대통大統: 서위西魏 문제文帝 때의 연호(535~553년).

다. 대통大統 3년에 태조太祖를 따라 사원沙苑에서 제신무를 격파하여, 안서
장군安西將軍으로 전직되었고 작위가 공작公爵으로 올라 식읍食邑 8백 호를
더 받았다. 누차 위장군衛將軍, 은청광록대부銀青光祿大夫, 우광록대부右光
祿大夫로 승진되었다. 대통大統 4년에 막다루대문莫多婁貸文을 사로잡았다.
인하여 하교河橋에서 싸움에 고림이 앞장서서 말을 몰아 분발하여 공격하니,
용감하기가 여러 군대 가운데 으뜸이었다. 태조가 가상히 여겨 그에게 말하
기를 "공은 바로 나의 한신韓信과 백기白起로다[6]"라 하고, 태자좌서자太子左
庶子를 제수하였다. 얼마 후 본관本官으로서 옥벽玉壁에 진을 치고 있다가,
다시 태조를 따라 망산邙山에서 싸워 정평군수正平郡守에 제수되고 대도독大
都督이 더해졌으며, 식읍 삼백 호를 더 받았다. 제齊 나라 장수 동방로東方老
가 침략해 오니, 고림이 무리를 이끌고서 막았다. 동방로가 자신의 용맹과
건장함만을 믿고서 곧바로 전진하여 고림에게 나아갔다. 짧은 무기로 접전을
벌였는데, 고림이 찌르니 동방로가 칼에 맞아 여러 군데 상처를 입고 물러나
좌우에게 말하였다.

"내 숱한 싸움을 겪었지만 이런 건아健兒는 아직까지 본 적이 없다."

그 후에 몰래 사람을 시켜 고림에게 동쪽으로 돌아갈 것을 권하였는데,
고림은 사자使者를 참수斬首하고 이 사실을 아뢰었다. 사지절使持節·거기대
장군車騎大將軍·의동삼사儀同三司·산기상시散騎常侍로 승진되었다. 부주
자사鄜州刺史에 제수되었고, 표기대장군驃騎大將軍·개부의동삼사開府儀同
三司·시중侍中이 더해졌다.

효민제孝閔帝가 즉위함에 작위爵位가 건위군공犍爲郡公으로 올라 식읍
천 호를 받았다. 무성武成[7] 초에 하란상賀蘭祥을 따라 토곡혼吐谷渾[8]을 정

---

6 한신韓信과 백기白起: 한漢 나라의 한신韓信과 진秦 나라의 백기白起를 말하는 것으로, 모두 용병
用兵에 뛰어났음.

벌하여, 그 공으로 특별히 한 아들이 허창현공許昌縣公에 봉해졌으며, 식읍
천 호를 받고 연주자사延州刺史에 제수되었다. 또 주국柱國 두노령豆盧寧을
쫓아 계호학아보稽胡郝阿保와 유상덕劉桑德 등을 토벌하여 격파하였다. 무
성武成 2년에 문주저文州氐 추장이 반란을 일으키자, 고림에게 조서詔書를
내려 군사를 거느리고 토벌하여 평정하게 하였다. 군사들이 돌아옴에 황제
가 뭇 공公·경卿·사士들을 모아 연회를 베풀고, 이에 시를 지어 뜻을 말하
라고 명하였다. 고림의 시 마지막 장은 다음과 같다.

"두거기竇車騎에게 말을 전하고, 곽장군霍將軍[9]에게 감사하노라. 무엇으
로 천자에게 보답할꼬? 사막의 요사한 기운 잠재우는 것이라네."

황제가 크게 기뻐하며 말하였다.

"훈육獯鬻[10]·험윤獫狁[11]이 창궐하여 이에 아직도 복종하지 않거늘, 경卿
의 말에 효험이 있으리니 나라의 복이로다."

보정保定[12] 초에 양주총관梁州總管·십주제군사十州諸軍事에 제수되었다.
천화天和[13] 2년에 단주자사丹州刺史로 옮겨졌으며, 천화 3년에 강릉부총관
江陵副總管으로 천직遷職되었다. 이 때에 진陳 나라 장수 오명철吳明徹이 침
략해 왔는데, 총관 전홍田弘은 양주梁主 소규蕭巋와 함께 나가서 기남성紀南
城을 지키고 있었고, 오직 고림과 양梁의 복야僕射 왕조王操만이 강릉江陵의

---

7 무성武成: 북주北周 효명제孝明帝 때의 연호(559~560년).

8 토곡혼吐谷渾: 4세기 중엽 이후 7세기까지 靑海省 및 甘肅省 남부를 지배한 몽골계 유목민인
선비족鮮卑族이 세운 나라.

9 두거기竇車騎·곽장군霍將軍: 후한後漢의 거기장군車騎將軍 두헌竇憲과 전한前漢의 대사마대장군
大司馬大將軍 곽광霍光을 말함. 모두 흉노를 물리쳐 공을 세웠음.

10 훈육獯鬻: 중국 하夏 나라 때에, '북적北狄'을 이르던 말. 진 나라, 한 나라, 전국戰國 시대의
흉노匈奴에 해당한다.

11 험윤獫狁: 중국 주周 나라 때, '흉노匈奴'를 이르던 말.

12 보정保定: 북주北周 무제武帝 때의 연호(561~565년).

13 천화天和: 북주北周 무제武帝 때의 연호(566~571년).

세 성을 굳건히 지키면서 항거하였다. 밤낮으로 막아 싸웠는데 모두 백일이 지나자 오명철이 물러갔다. 소규가 표表를 올려 그 실상을 말하니, 황제가 이에 과분한 조서를 내려 고림을 따라 입조入朝하게 하여, 친히 위문하였다. 진급하여 대장군大將軍에 제수되었고, 인하여 위공직衛公直을 보좌하여 양주襄州를 지키게 되었다. 천화 6년에 지위가 주국柱國에 올랐다. 건덕建德[14] 원년元年에 죽으니 당시 나이가 76세였다. 본관本官에 추증되었고, 기冀·정定·제齊·창滄·주州 오주제군사五州諸軍事와 기주자사冀州刺史가 더해졌다. 시호는 '양襄'이다.

아들인 유儒는 젊어서 아버지의 공때문에 허창현공許昌縣公의 작위를 하사받고 좌시상사左侍上士에 제수되었다. 후에 작위를 이어받아 건위군공犍爲郡公이 되었고, 직위는 의동대장군儀同大將軍에 이르렀다. (『주서』 권 29)

---

14 건덕建德: 북주北周 무제武帝 때의 연호(572~577년).

모용운

천왕天王의 지위에 올라 다시 고高씨로 성을 삼고…

스물일곱. 모용운

모용운慕容雲은 자字가 자우子雨이니, 모용보
慕容寶의 양자養子이다. 조부 고화高和는 고구려의 방계傍系이다. 스스로 "고
양씨高陽氏의 후손이기 때문에 '고高'로 씨氏를 삼았다"라고 하였다.

　　모용보가 태자였을 때, 모용운은 무예로써 동궁東宮을 곁에서 섬겼다. 영
강永康[1] 초에 시어랑侍御郎에 제수되었으나 병 때문에 벼슬을 그만두었다.
모용희慕容熙가 부후苻后를 장사지낼 때에 이르러 풍발馮跋이 와서 그를 옹
립하겠다는 큰 모의謀議를 고하였는데, 모용운이 두려워하자 풍발 등이 강
요하였다.

1　영강永康: 후연後燕의 연호(396~397년).

4월에 천왕天王의 지위에 올라 다시 고高씨로 성을 삼고, 죄수들을 크게 사면赦免하였다. '건시建始' 원년(407)을 '정시正始' 원년으로 고치고, 국호는 그대로 '대연大燕'이라 하였으며, 풍발을 시중 도독중외제군 녹상서사 무읍공侍中都督中外諸軍錄尙書事武邑公으로 삼고, 모용귀慕容歸를 요동공遼東公으로 삼아 연燕 나라의 종묘사직宗廟社稷을 세웠다.

3년 겨울 10월에 모용운이 동당東堂[2]에 있었는데, 총신寵臣 이반離班과 도인桃仁이 칼을 품고 문서를 가지고 들어와 아뢸 것이 있다고 말하다가 칼을 뽑아 모용운을 공격했다. 모용운이 안석案席으로 이반을 막았으나 도인이 다가가 그를 죽였다. 풍발을 세워 군주로 삼으니, 그는 즉위하여 임시로 모용운의 시호諡號를 '혜의황제惠懿皇帝'라고 하였다.

〈후연後燕〉은 처음 모용수慕容垂가 병술년(386)에 중산中山에서 국호를 세운 때로부터 풍발이 즉위한 해, 즉 기유년(409)까지 24년간 존속하였다.

(『십육국춘추』 권 41)

---

2 동당東堂: 대궐 안의 편전 동쪽에 있는, 임금이 직접 과거를 보이던 곳.

고선지

"내가 만약 정말로 횡령한 사실이 있다면 여러분들은 즉시 '사실이다' 라고 말하라.
내가 만약 진실로 그런 일이 없었다면 여러분들은 '억울하다' 라고 말하라."
병사들이 일제히 외쳤다. "억울하다."

스물여덟. 고선지

고선지高仙芝는 본래 고구려 사람이다. 그의
아버지 고사계高舍雞는 처음에 하서군河西軍에 소속되었는데, 공을 쌓아 사진
십장四鎭十將과 제위장군諸衛將軍에 이르렀다. 고선지는 용모가 아름답고 말
타기와 활쏘기를 잘하였으며, 용감하고 결단성이 있었다. 젊었을 때 아버지를
따라 안시安西로 왔는데, 아버지가 세운 공으로 유격장군遊擊將軍에 제수되었
다. 스무 살 남짓에 바로 장군에 제수되어 아버지와 같은 반열이 되었다. 절노
사節度使 전인완田仁琬과 갑가운蓋嘉運을 섬겼으나 그다지 임용되지 못했는
데, 후에 부몽영찰夫蒙靈詧이 누차 발탁하였다. 개원開元[1] 말에 안서 부도호安

---

1 개원開元 : 당唐 나라 현종玄宗 때의 연호(713~741년).

西副都護와 사진 도지병마사四鎭都知兵馬使가 되었다.

소발률小勃律의 국왕[2]이 토번吐蕃의 꼬임에 넘어가 토번의 공주를 왕비로 삼으니, 서북의 20여 나라가 모두 토번에게 통제를 받게 되어 당 나라에 조공朝貢을 바치는 길이 통하지 않게 되었다. 후에 절도사 전인완과 갑가운이 부몽영찰과 더불어 누차 그들을 토벌했으나 승리하지 못하였다. 그러자 현종玄宗은 고선지에게 특별히 칙서敕書를 내려 기병騎兵과 보병步兵 1만 명을 주어 행영절도사行營節度使를 삼아, 가서 토벌하게 하였다. 당시에는 보병들도 모두 개인적으로 말을 소유하고 있었기 때문에 안서安西로부터 15일을 행군하여 발환성撥換城[3]에 이르고, 또 10여 일 만에 악슬덕握瑟德[4]에, 또 10여 일만에 소륵疏勒[5]에, 또 20여 일만에 총령蔥嶺의 수착守捉[6]에 이르렀고, 또 20여 일을 행군하여 파밀천播密川에, 또 20여 일 만에 특륵만천特勒滿川에 이르렀으니, 그곳이 바로 오식닉국五識匿國[7]이다. 고선지는 이에 군대를 셋으로 나누어, 소륵疏勒의 수착사守捉使 조숭빈趙崇玭으로 하여금 3천의 기병을 거느리고 토번吐蕃의 연운보連雲堡[8]로 향하되 북곡北谷으로 해서 들어가게 하고, 발환撥換의 수착사 가숭관賈崇瓘은 적불당赤佛堂[9] 길로 해서 들어가게 하고, 고선지 자신은 중사中使 변영성邊令誠과 함께 호밀국護密國으로 해서 들어가면서 7월

2 소발율小勃律의 국왕 : 소발율小勃律은 파키스탄 북부 길기트 지역에 있었던 나라. 토번이 서역으로 진출하는 데 있어서 반드시 통과해야 하는 길목에 위치하고 있었음. 파키스탄의 역사교과서에 의하면 당시의 국왕 이름은 데바 스리 찬드라(Deva Sri Chaandra) 이었다고 함.
3 발환성撥換城 : 현 신강유오이자치구新疆維吾爾自治區의 아커쑤[阿克蘇] 부근.
4 악슬덕握瑟德 : 현 신강유오이자치구新疆維吾爾自治區 바추[巴楚] 부근.
5 소륵疏勒 : 현 신강유오이자치구新疆維吾爾自治區의 카쉬카르[喀什市]임.
6 수착守捉 : 당 나라 때 변방 부대의 명칭. 총령 수착은 현 신강유오이자치구의 타쉬구르간 지역이라고 함.
7 오식닉국五識匿國 : 현 아프카니스탄 영토인 타지키스탄 지역에 있었다고 함.
8 연운보連雲堡 : 지금의 와칸 계곡이라고 함.
9 적불당赤佛堂 : 현 파키스탄 북부의 훈자 지역이라고 함.

13일 진시辰時에 토번의 연운보에서 만날 것을 약속하였다. 연운보 안에는 병력 1천 명이 있었고, 또 성 남쪽 15리에 산을 따라 울짱을 쳐 놓았는데 그곳에 병력 8, 9천 명이 있었다. 성 아래에는 파륵천婆勒川이 있는데, 불이 불어 건널 수가 없었다. 고선지는 소·양·돼지의 세 가지 희생으로 강에 제사를 지내고, 여러 장수들에게 명령하여 병마兵馬를 선발해 사람마다 사흘 치의 건량乾糧을 준비하여 아침 일찍 강가에 집합하도록 하였다. 강물은 이미 건너기 어려운 상태였기 때문에 장수와 병졸들은 모두 미쳤다고 여겼다. 그런데 이르고 보니 사람들은 깃발도 적시지 않고 말들은 안장도 적시지 않았고, 이미 다 건너 대오를 정돈하였다. 고선지가 기뻐하며 변영성에게 말하였다.

"아까 만약 우리가 반쯤 건넜을 때 적들이 공격해 왔다면 우리들은 패전했을 것이오. 지금 이미 건너 대오를 정돈하였으니, 이는 하늘이 저 적들을 우리에게 선사하는 것이오."

드디어 산에 올라 전투를 벌여 진시辰時부터 사시巳時까지 싸워 대파하였다. 밤이 되어 적들이 달아나자 5천 명을 죽이고 1천 명을 생포하였으며, 나머지는 모두 달아나 흩어져버렸다. 말 1천 여 필을 획득하였고 빼앗은 군수 물자와 병기는 이루 헤아릴 수 없었다.

현종玄宗은 술사術士 한이빙韓履冰을 보내 출병 날짜의 길흉을 점쳐 주게 하였는데, 그는 두려워하여 나가려 하지 않았고 변영성 또한 두려워하였다. 고선지는 변영성 등을 남겨서 병들고 허약한 병력 3천으로 그 성을 지키게 하고, 자신은 드디어 진군進軍하였다. 사흘 후에 탄구령坦駒嶺[10]에 도착하면 험준한 고개를 40여 리나 곧바로 내려가야 했다. 고선지는 이것을 헤아려 말하였다.

---

10 탄구령坦駒嶺: 현 파키스탄의 북부에 있는 해발 4700미터의 다르코트 정상을 말한다고 함.

"아노월호阿弩越胡가 만약 속히 나와서 맞이한다면 바로 이는 우리에게 호의를 가진 것이다."

또 병사들이 내려가지 않을까 염려가 되어, 이에 먼저 기병 20여 명으로 하여금 아노월성阿弩越城 사람의 복장으로 변장하고 탄구령으로 올라와 맞이하도록 하였다. 탄구령에 도착하고 나니 병사들이 과연 내려가려 하지 않으면서 말하였다.

"대사大使[11]께서는 우리를 어디로 데려가려 하십니까?"

그들의 말이 채 끝나기도 전에 고선지가 먼저 보낸 20여 명이 와서 맞이하며 말하였다.

"아노월성阿弩越城 사람들은 모두 호의를 가지고 받들어 맞이합니다. 사이하娑夷河[12]의 등나무 다리는 벌써 끊어졌습니다."

고선지는 기뻐하는 척하면서 명령을 내리니, 병사들이 모두 내려갔다. 사이하娑夷河는 바로 옛날의 약수弱水이니, 지푸라기와 머리카락도 가라앉는다는 강이었다. 탄구령을 내려간 지 사흘만에 아노월성 사람들이 과연 나와서 맞이하였다. 다음날이면 아노월성阿弩越城에 도착하게 되는데, 그날 장군 석원경席元慶과 하루여윤賀婁餘潤으로 하여금 먼저 등나무 다리로 가는 길을 정비해놓도록 하였다. 고선지는 다음날 진군을 하면서, 또 석원경에게 명령하여 1천 기병을 이끌고 먼저 소발율小勃律 왕에게 가서 다음과 같이 고하도록 하였다.

"당신의 성을 빼앗지 않을 것이며 또한 당신의 다리도 끊지 않겠소. 단지 당신의 길을 빌려 통과하여 대발률大勃律로 가려는 것이오."

성안에는 5, 6인의 수령이 있는데 모두 토번에 충성하는 자들이었다. 고

---

11 대사大使: 당 나라의 절도사는 절도대사節度大使, 부대사副大使, 지절도사知節度事의 등급이 있었음.
12 사이하娑夷河: 인더스강과 길기트강의 합류 지점의 강 이름이라고 함.

선지는 미리 석원경과 약속하였다.

"군대가 도착하면 수령과 백성들이 반드시 달아나 산골짜기로 숨을 것이니, 황제가 하사한 비단 등을 가져가라고 불러내어, 수령들이 오면 일제히 결박해놓고 나를 기다려라."

석원경은 도착한 뒤 일체를 고선지가 시킨 대로 하여 수령들을 결박하였다. 왕과 공주는 달아나 석굴로 숨어 찾을 수 없었다. 고선지가 도착하여 토번에게 충성하는 자 5, 6명을 참수斬首하였다. 급히 석원경에게 명령하여 등나무 다리를 끊도록 하였는데, 발율勃律과의 거리는 아직도 60리나 남아 있었다. 저물녘에 막 다리를 끊었을 때 토번의 병마兵馬가 대거 몰려들었지만 이미 어쩔 수 없었다. 등나무 다리는 길이가 화살의 사정거리射程距離 정도나 되었는데, 수축修築한 지 1년만에 비로소 완성한 것이었다. 발율勃律이 이전에 토번에게 속아서 길을 빌려주었으므로 토번이 드디어 이 다리를 완성한 것이었다. 이에 이르러 고선지는 느긋하게 직접 발율 왕과 공주에게 나와서 항복하라고 설득하였고, 그 나라를 아울러 평정하였다.

천보天寶 6년(747) 8월, 고선지는 발율의 왕과 공주를 사로잡아 적불당赤佛堂 길을 거쳐 회군回軍하였다. 9월, 다시 파륵천婆勒川의 연운보連雲堡에 도착하여 변영성邊令誠 등과 만났다. 그 달 말에 파밀천播密川으로 돌아와 유단劉單으로 하여금 승전보勝戰譜의 초안을 잡게 하고, 중사中使 판관判官 왕정방王廷芳을 보내어 승전을 아뢰었다. 고선지의 군대가 돌아와 하서河西에 도착했는데, 부몽영찰은 일체의 사람들로 하여금 환영하며 위로하지 못하게 하고는 고선지에게 욕설을 퍼부었다.

"개 창자를 쳐 먹을 고구려 놈아! 개똥을 쳐 먹을 고구려 놈아! 우전사于闐使는 누가 얻게 아뢰어 주었더냐?"

"중승中丞입니다."

"언기 진수사焉耆鎭守使는 누구의 휘하에서 얻었더냐?"

"중승中丞입니다."

"안서 부도호사安西副都護使는 누구의 휘하에서 얻었더냐?"

"중승中丞입니다."

"안서 도지병마사安西都知兵馬使는 누구의 휘하에서 얻었더냐?"

"중승中丞입니다."

부몽영찰이 말하였다.

"이상의 직책은 모두 내가 아뢰어 네가 얻은 것들인데, 어떻게 나의 처분도 기다리지 않고 승전보를 먼저 올릴 수 있단 말이냐! 고구려 놈의 이번 죄는 참형斬刑에 해당하지만 새로이 큰 공을 세웠기 때문에 죽이지는 않겠다."

부몽영찰은 또 유단에게 말하였다.

"네가 승전의 글을 잘 지었다고 들었다."

유단은 두려워 잘못했다고 죄를 청하였다.

변영성은 이러한 상황들을 현종에게 갖추어 아뢰며 보고하였다.

"고선지는 특별한 공을 세웠는데 이제 곧 죽게 될까 걱정하고 있습니다."

그 해 6월, 고선지를 홍려경鴻臚卿·섭어사중승攝御史中丞에 제수하여 부몽영찰을 대신해 사진 절도사四鎭節度使가 되게 하고, 부몽영찰은 소환하여 조정으로 들어오도록 하였다. 이에 부몽영찰은 매우 두려워하였는데 고선지는 그를 만날 때마다 예전과 마찬가지로 달려나가 예의를 차리니, 부몽영찰은 더욱 불안해하였다. 장군 정천리程千里는 당시에 부도호副都護였으며, 대장군 필사침畢思琛은 부몽영찰의 압아押衙[13]였는데, 행관行官인 왕도王滔, 강회순康懷順, 진봉충陳奉忠 등과 함께 일찍이 고선지를 부몽영찰에게 모함하여 헐뜯곤 하였다. 고선지가 이미 절도사의 업무를 처리하게 되고 나

---

13 압아押衙: 당 나라 때 의장과 시위를 관장하던 벼슬 이름.

서 정천리에게 말하였다.

"공은 얼굴은 남아 같은데 마음은 아낙네와 같으니 왜 그런가?"

또 필사침에게 말하였다.

"이놈이 감히 왔네! 내가 성 동쪽의 천석千石짜리 장전莊田을 너에게 빼앗겼는데 기억나느냐?"

필사침이 대답하였다.

"그것은 중승께서 제가 고생하는 것을 알고 빌려준 것입니다."

고선지가 말하였다.

"내가 그때는 네가 위세를 부릴까 두려워서 그런 것이지, 어찌 너를 불쌍히 여겨 준 것이겠느냐? 내 말하고 싶지 않지만 네가 속으로 걱정하고 있을까 염려되어 말하는 것이다. 이제 말이 끝났으니 다시 거론하지 않겠다."

또 왕도 등을 불러오게 하여 붙잡아 꿇어앉힌 뒤 매질을 하려 하다가 한참 뒤 모두 풀어주었다. 이리하여 군사들의 마음이 모두 안정되었다.

천보 8년(749), 조정으로 들어오니 특진特進의 벼슬이 더하여졌고, 좌금오위 대장군 동정원左金吾衛大將軍同正員을 겸하게 하고, 이어 아들 한 명에게 오품五品의 관직을 주었다.

천보 9년(750), 병력을 이끌고 석국石國[14]을 토벌하여 평정한 뒤 그 나라의 왕을 붙잡아 돌아왔다. 고선지는 성격이 탐욕스러워 석국에서 커다란 슬슬瑟瑟[15] 10여 가마, 순금 5, 6바리, 그리고 명마名馬와 보옥寶玉도 이에 상당하는 양을 노획하였다. 처음에 아버지 고사계高舍雞는 고선지를 나약하나고 생각하여 자신을 보존조차 하지 못할까 걱정하였는데, 이 때에 이르러 공을 세운 것이었다. 집안에 재산이 거만금이었는데 베풀기를 매우 잘하여 사

---

14 석국石國: 현 우즈백스칸의 수도인 타쉬캔트 일대에 있던 나라.

15 슬슬瑟瑟: 주보珠寶의 이름.

람들이 요구하면 안된다고 한 적이 없었다. 그 해에 조정으로 들어오니 개부
의동삼사開府儀同三司에 제수하였고, 뒤이어 무위 태수武威太守, 하서 절도
사河西節度使에 제수하여 안사순安思順을 대신하게 하였다. 안사순은 여러
오랑캐들을 사주하여 귀를 베고 칼로 얼굴을 그어가면서 유임을 요청하도록
하였는데, 감찰 어사監察御史 배주남裵周南이 현종에게 아뢰자 다시 안사순
을 유임시키고, 고선지는 우우림대장군右羽林大將軍으로 삼았다.

천보 14년(755), 밀운군공密雲郡公에 봉해졌다.

11월, 안록산安祿山이 범양范陽을 근거지로 삼아 반란을 일으켰다. 이 날
경조목京兆牧 영왕榮王 이완李琬을 토적원수討賊元帥로 삼고 고선지를 부
원수로 삼았다. 고선지에게 명하여 비기飛騎[16]와 확기彍騎[17] 및 삭방朔方·
하서河西·농우隴右에서 장안으로 달려온 병마, 그리고 관보關輔에서 모병
한 5만 병력을 아울러 거느리고 봉상청封常淸의 뒤를 이어 동관潼關으로 나
가 진격하여 반란군을 토벌하게 하였다. 그리고 고선지로 하여금 어사대부
御史大夫를 겸하게 하였다.

12월, 군대가 출발하는데 현종은 망춘정望春亭에 거둥하여 군대를 위로
하여 떠나보내고, 감문 장군監門將軍 변영성으로 하여금 고선지의 군대를
감독하게 하였다. 고선지의 군대는 섬주陝州에 진을 쳤다. 이 달 11일, 봉상
청의 군대가 사수泗水에서 패배하였다. 13일, 안록산이 동경 낙양洛陽을 함
락하였다. 봉상청은 패잔병을 이끌고 섬주로 후퇴하여 왔다. 봉상청이 고선
지에게 보고하였다.

"여러 날 혈전을 하였지만 적의 예봉을 감당할 수 없었습니다. 그리고 동
관潼關에는 지키는 병력이 없는데 만약 미친 도적들이 돌파하면 장안이 위

---

16 비기飛騎 : 당 나라 때의 황제의 시위군사侍衛軍士.
17 확기彍騎 : 활을 가진 기병. 당 나라 때의 숙위병宿衛兵을 이름.

태롭습니다. 이곳의 방어를 포기하고 급히 동관을 지키는 것이 옳겠습니다."

봉상청과 고선지는 이에 현지의 병력을 이끌고는 태원창太原倉의 돈과 비단을 꺼내어 장수와 사병들에게 나누어주고 나머지는 모두 불태워버렸다. 잠시 뒤 적의 기병이 잇따라 이르렀는데, 관군들은 당황하여 갑옷을 팽개치고 달아나면서 전연 대오를 갖추지 못하였다. 고선지는 동관에 이르러 방어 도구를 수선하고, 또 색승광索承光으로 하여금 선화수善和成를 지키게 하였다. 적의 기병이 동관에 이르렀으나 이미 대비가 있었으므로 공격할 수 없어 돌아갔다. 이는 고선지의 힘이었다. (『구당서』권 104)

〈다음은 『구당서舊唐書』「봉상청 열전封常淸列傳」에 나오는 고선지 관련 내용을 전재轉載한 것임.〉

현종은 봉상청이 패전했다는 보고를 듣고 그의 관작을 삭탈하여 백의白衣로서 고선지의 군대에서 힘을 쏟도록 하였다. 고선지는 봉상청으로 하여금 좌·우상左右廂의 군대들을 감독 순행하게 하였는데, 봉상청은 검은 옷을 입고 종사하였다. 감군監軍 변영성은 매사를 간섭하였는데 고선지는 많은 것을 따르지 않았다. 변영성은 조정으로 들어가 보고하면서 고선지와 봉상청이 관망하다가 패전하였다고 자세히 말하였다. 현종은 화가 나서 변영성을 시켜 칙서를 가지고 군영에 가서 아울러 목을 베도록 하였다. (중략)

변영성은 봉상청을 처형한 뒤 그의 시체를 거적 위에 벌려 놓았다. 고선지가 돌아와 청사廳舍에 이르자, 변영성은 맥도수陌刀手[18] 백여 명을 선발하여 자기 뒤를 따르게 하고 말하였다.

---

18 맥도수陌刀手 : 맥도는 장도長刀의 뜻. 장도를 들고 있는 군사.

　　"대부大夫에게도 또한 황제의 은명恩命이 있습니다."

　　고선지가 급히 말에서 내려 드디어 봉상청이 처형되었던 곳에 이르렀다. 고선지가 말하였다.

　　"내가 후퇴한 것은 죄이니, 죽음도 사양하지 않겠소. 그렇지만 내가 군량과 하사품을 횡령했다고 하는 것은 누가 나를 무고한 것이오."

　　또 변영성에게 말하였다.

　　"위에 하늘이 있고 아래 땅이 있고 병사들이 모두 이곳에 있는데, 당신은 어찌 모르는 것이오!"

　　그가 모집한 병사들이 밖에 배열해 있었는데, 그들은 평소 고선지를 존경하고 있었다. 고선지가 그들을 불러 말하였다.

　　"내가 장안에서 사병 여러분들을 불러모았는데, 비록 여러분들이 약간의 물건을 얻었다고는 하지만 여장旅裝이 아직도 넉넉하지 못하다. 바야흐로 여러분들과 함께 적을 격파한 뒤 높은 벼슬과 큰 포상을 받게 하려고 하였다. 뜻밖에도 적의 세력이 매서워 군대를 이끌고 이곳으로 왔는데, 또한 동관潼關을 고수하려는 까닭이었다. 내가 만약 정말로 횡령한 사실이 있다면 여러분들은 즉시 '사실이다'라고 말하라. 내가 만약 진실로 그런 일이 없었다면 여러분들은 '억울하다'라고 말하라."

　　병사들이 일제히 외쳤다.

　　"억울하다."

　　외치는 소리가 땅을 뒤흔들었다.

　　고선지는 또 봉상청의 시신을 쳐다보며 말하였다.

　　"봉상청! 그대가 미천했을 때부터 존귀해질 때까지 내가 그대를 뽑아서 나의 판관으로 삼았었다. 뒤이어 또 나를 대신하여 절도사가 되었는데, 오늘 또 그대와 함께 이곳에서 죽으니 운명이란 말인가!"

　　드디어 고선지의 목을 베었다.

王毛仲

왕모둥

환관들이 왕모중의 세력이 자기들보다 왕성한 것을 질투하여
전적으로 그의 죄를 적발했으나,
왕모중은 그들을 더욱 거만하게 대하였다.

스물아홉. 왕모중

왕모중王毛仲은 본래 고구려 사람이다. 아버지는 유격장군직사游擊將軍職事 왕구루王求婁인데, 일을 저질러 관노官奴가 되어 왕모중王毛仲을 낳았다. 이로 인해 왕모중은 현종玄宗에게 예속되었다. 왕모중은 성품과 식견이 밝고 총명하여 현종이 임치왕臨淄王으로 있을 때 항상 좌우에서 섬겼다. 현종이 외직으로 나가 노주별가潞州別駕를 겸임했을 때, 또 이의덕李宜德이 민첩한데다 말타기와 활쏘기를 잘하는데 남의 종으로 있는 것을 보고는 오만 전五萬錢으로 그를 샀다. 경룡景龍 3년(709) 겨울에 현종이 장안長安으로 돌아왔는데, 두 사람으로 하여금 활과 화살을 지니고 좌우에서 자신의 양팔이 되게 하였다.

이전에, 태종太宗이 정관貞觀[1] 연간年間에 관호官戶[2]와 오랑캐 나라의 사람 중에서 사납고 날쌘 소년 백 명을 선발하여, 사냥을 나갈 때마다 그들로

하여금 활과 화살을 지니고 어마御馬 앞에서 짐승을 쏘아 잡게 하였다. 그들
에게 표범 무늬 말을 타고 짐승 무늬 적삼을 입게 하였으니, 그들을 일러
'백기百騎'라고 하였다. 측천무후則天武后[3]의 시절에 이르자 점차 그 사람을
추가하여 '천기千騎'라 불렀으며, 좌우 우림영左右羽林營에 나누어 소속시
켰다. 중종中宗은 '만기萬騎'라 부르면서 역시 사使를 두어 통솔하게 하였
다. 현종이 번저藩邸[4]에 있을 때 항상 그 재주가 뛰어난 사람들을 만나면서
간간이 음식·재물·비단 등을 하사하니, 이 때문에 모두가 그를 마음속으로
따르게 되었다. 왕모중 역시 현종의 뜻을 깨닫고 그들을 매우 공손하게 대우
하니, 현종이 더욱 그의 민첩하고 영리함을 어여삐 여겼다.

경룡景龍 4년(710) 6월에 중종中宗이 시해당하고 위후韋后가 섭정攝政을
하게 되자[5], 위파韋播와 고숭高嵩을 우림장군羽林將軍으로 삼아 천기영千騎
營을 통솔하게 하였는데, 그들은 아랫사람을 매질하는 것으로써 자기들의
위엄을 세웠다. 그러자 영장營長 갈복순葛福順과 진현례陳玄禮 등이 서로
함께 현종玄宗을 뵙고 원통함을 하소연하였다. 마침 현종은 이미 유유구劉
幽求·마사종麻嗣宗·설숭간薛崇簡 등과 중대한 계획을 거행하기로 모의하
고 있었던 터라, 서로 돌아보고 더욱 기뻐하였다. 유유구劉幽求를 시켜 넌지
시 암시를 주게 하니, 그들은 모두 죽기를 각오하고 명을 따르겠다고 하였
다. 20일 밤이 되어 현종이 금원禁苑 안으로 들어갔는데, 이의덕은 그를 따

---

1 정관貞觀 : 중국 당唐 나라 태종太宗의 연호(627~649년).
2 관호官戶 : 범죄자 및 그 가족들을 관노官奴로 삼아 특수 호적에 편입시킨 호구戶口.
3 측천무후則天武后 : 당唐 나라 고종高宗의 후后. 고종이 죽고 난 후 스스로 황제의 자리에 올라
   국호를 주周라 하였음.
4 번저藩邸 : 번왕藩王의 저택. 여기서는 현종玄宗이 황제가 되기 전에 임치왕臨淄王으로 있을 때의
   저택을 가리킴.
5 위후韋后가 안락공주安樂公主와 공모하여 중종中宗에게 독이 든 떡을 먹여 시해하고, 온왕溫王
   중무重茂를 황제로 세우고 자신이 섭정攝政을 하였다.

랐으나 왕모중은 피하고 들어가지 않았다. 을야乙夜에 갈복순 등이 이르자 현종이 말하였다.

"그대들과 대역大逆 죄인들을 제거하여 사직社稷을 편안하게 하고, 그리하여 각자 부귀를 얻게 되는 것은 잠깐 동안에 달려 있는데, 무엇으로써 나에게 믿음을 보여줄 수 있겠는가?"

갈복순葛福順 등이 명령대로 행하겠다고 청하더니 잠시 후에 위파韋播·위선韋璿·고숭高嵩 등의 목을 베어 왔는데, 현종이 횃불을 들고 살펴보았다. 또 종소경鍾紹京을 불러 총감總監의 장인匠人 백 명을 통솔하여 칼과 톱을 가지고 오게 하여, 문빗장을 자르고 쳐들어갔다. 위후韋后 및 안락공주安樂公主[6] 등은 모두 반란군에게 살해되었다. 그날 밤 어린 황제[7]는 현종이 큰 공을 세웠다 하여 평왕平王으로 봉작을 높여 주었다. 종소경과 유유구를 지정사知政事로 삼아 조서詔書를 기초起草하게 하였다. 설숭간과 마사종 및 갈복순과 이의덕 등 공이 큰 사람은 장군으로 삼고, 공이 그 다음인 자는 중랑장中郎將으로 삼았다. 당시에는 중종의 관곽이 아직 빈소殯所에 있었으므로 성안의 모든 사람들이 흰 상복을 입고 있었다. 날이 밝자 현종은 새로 공을 세운 사람들에게 모두 자줏빛과 붉은빛 옷을 입게 하고, 철갑을 입은 기병騎兵을 가득 거느리고 나오니, 성안 모든 사람들이 모여들어 보면서 기뻐하며 위로하였다. 반역을 범한 자들은 모두 성밖에 시체를 그대로 내버렸다. 왕모중王毛仲이 며칠이 지나 돌아왔으나 현종은 그를 꾸짖지 않았고, 게다가 등급을 건너뛰어 장군將軍의 벼슬까지 제수하였다.

현종玄宗이 황태자가 되어 국사를 주관하게 되자, 황제에게 주청奏請하여

---

6 안락공주安樂公主: 당唐 나라 중종中宗의 딸.
7 어린 황제: 상제殤帝를 가리킴. 중종中宗의 넷째 아들 온왕溫王 중무重茂가 황제로 즉위하였는데, 당시 16세에 불과하였다.

좌우만기左右萬騎와 좌우영左右營을 용무군龍武軍으로, 좌우우림左右羽林을 북문사군北門四軍으로 고치고, 갈복순 등을 장군으로 삼아 통솔하게 하였다. 용무군龍武軍의 군관軍官들은 모두 공신功臣이며 하사품下賜品도 받았기 때문에 '당원공신唐元功臣'이라 불렀다. 장안長安의 양갓집 자식들은 조세租稅와 요역徭役을 피하기 위해 재물을 바쳐 그 속에 소속되기를 구하였고, 마침내 군軍마다 수천 명에 이르렀다. 왕모중은 동궁東宮의 낙타·매·개 등의 방방을 전담하다가, 일년도 안 되어 벌써 대장군大將軍에 이르렀으니, 그 품계品階는 3품이었다. 선천先天 2년(713) 7월에, 왕모중은 소지충蕭至忠과 잠희岑羲 등을 주살하는 데 참여한 공으로 보국대장군輔國大將軍·좌무위대장군左武衛大將軍·검교 내외한구檢校內外閑廐 겸 지감목사兼知監牧使에 제수되었고, 곽국공霍國公으로 봉작도 오르게 되었으며, 실봉實封으로 오백 호戶를 받았다. 왕모중은 정직하게 공직에 종사하여 권귀權貴들조차 피하지 않았기 때문에 좌우영과 좌우만기萬騎의 공신功臣, 그리고 한구閑廐[8]의 관리들이 모두 그 위세를 두려워하여, 아무도 감히 그를 범하지 못하였다. 궁원宮苑 안의 영전營田과 황무지에서도 항상 땔감을 거두어 들여서 대체로 모두 넉넉하여 넘치니, 현종이 재능이 있다고 여겼다. 개원開元 14년(726)에 왕모중의 아버지에게 진주 자사秦州刺史를 추증追贈하였다.

왕모중王毛仲은 비록 하사받은 장택莊宅도 있고, 노비奴婢·낙타·금전과 비단 따위도 이루 다 기록할 수 없을 정도로 많았으나 항상 한구閑廐 옆의 집에 거주하였다. 매번 잔치에 입시入侍할 때는 여러 왕들 및 강교姜皎 등과 현종의 장막 앞에 나아가서 걸상을 나란히 하고 앉았다. 현종이 혹 때로 그를 쳐다보지 않으면 마치 무언가를 잃은 것처럼 근심하였고, 그를 쳐다보면

---

8 한구閑廐: 황가皇家에서 말을 기르는 곳.

온밤을 꼬박 기뻐하였고, 다음날까지 이른 적도 있었다. 그의 처는 이미 읍호邑號를 국부인國夫人이라 하였고, 현종이 내려준 처 이씨李氏도 또 국부인國夫人이 되었다. 조정에 들어가 조알朝謁할 때마다 두 부인이 함께 하사품을 받았다. 아들을 낳자 젖먹이인데도 이미 5품의 벼슬에 제수되었고, 그 아들이 황태자와 함께 놀았기 때문에 중관中官 양사욱楊思勗과 고력사高力士 등이 항상 피하며 두려워했다. 개원開元 7년(719)에 특진特進 행태복경行太僕卿으로 승진하였고 나머지는 모두 예전과 같았다. 개원開元 9년(721)에 부절符節을 가지고 삭방도방어토격대사朔方道防禦討擊大使를 맡게 하고, 인하여 좌령군 대총관左領軍大總管 왕준王晙과 천병군 절도사天兵軍節度使 장열張說을 거느리고 동쪽으로 가서 유주 절도사幽州節度使 배주선裴伷先 등과 함께 모임을 계획하게 하였다.

　왕모중王毛仲이 엄정하게 통솔을 하니, 기른 가축들이 번식하여 드디어 숫자가 처음의 배가 되었다. 꼴이나 조 따위도 감히 훔치지 못하였고, 해마다 쓰고 남은 것을 돌려서 항상 수만 곡斛에 이르렀다. 삼 년이 채 안 되어 왕모중이 동쪽 봉지封地로 현종을 호종扈從[9]하였을 때, 기른 말 수만 필을 거느리고 따랐는데, 털빛마다 한 무리를 이루어 멀리서 바라보면 구름무늬 비단 같았다. 현종이 더욱 기뻐하였다. 악하岳下에서 재상宰相 원건요源乾曜와 장열張說에게 좌우승상左右丞相을 더하여 주었고, 왕모중에게는 개부의동삼사開府儀同三司를 더하여 주었다. 현종이 선천先天 연간에 제위帝位를 바로잡은 뒤로부터 15년 동안에, 황후皇后의 아버지 왕동교王同皎와 요숭姚崇, 송경宋璟과 왕모중 등 네 사람만이 개부의동삼사開府儀同三司에 이르렀다. 또 장열張說에게 칙명을 내려「감목송監牧頌」을 지어서 찬미하게 하였

---

9 호종扈從: 임금이 탄 수레를 호위하여 따르던 일.

다. 개원開元 17년(729)에 현종이 오릉五陵을 참배하는 것을 따라갔는데, 또
왕모중의 아버지에게 익주대도독益州大都督을 추증追贈하였다. 이에 왕모중
이 더욱 교만해져서 병부상서兵部尙書를 시켜달라고 요구한 적이 있었는데
현종이 불쾌해 하니, 왕모중이 원망하는 것이 말과 안색에 드러났다. 또 갈
복순의 아들이 왕모중의 딸에게 장가들었고, 이의덕과 당지문唐地文 등 수
십 명이 모두 왕모중과 사이가 좋으니 그들에 의지하여 불법을 많이 자행하
였다. 환관宦官들이 왕모중의 세력이 자기들보다 왕성한 것을 질투하여 전
적으로 그의 죄를 적발했으나, 왕모중은 그들을 더욱 거만하게 대하였다. 왕
모중은 품계가 높은 환관도 업신여겨 깔보았고, 품계가 낮은 환관에게는 조
금이라도 자기 뜻에 거슬리면 자기 종처럼 무시하고 욕보였다. 그래서 고력
사高力士의 무리는 한이 골수에 사무쳤다. 왕모중이 은혜로운 대우를 받아
아내가 출산할 때 일찍이 금원禁苑 안의 정자를 빌려 납량納涼을 하려 하니,
현종이 빌려 주었다. 그러자 환관들은 그를 더욱 무고하여 말하였다.

"북문北門의 노관奴官[10]들은 세력이 너무 성한데, 사나운 자들이 모두 한통
속이 되어 있으니, 그들을 제거하지 않으면 반드시 큰 우환을 일으킬 것입니다."

후에 왕모중王毛仲이 태원太原의 군기감軍器監에서 갑옷과 병장기를 찾
자, 당시 소윤少尹으로 있던 엄정지嚴挺之가 그 일을 현종에게 아뢰었다. 현
종은 왕모중의 무리가 두려워하여 난을 일으킬까 염려되어 이에 그 실상을
숨기고 조서詔書를 내렸다.

"개부의동삼사開府儀同三司·겸 전중감兼殿中監·괵국공霍國公·내외한구
감목도사內外閑廐監牧都使 왕모중王毛仲은 오직 미천하고 공적이 없는데도
가신家臣에서 발탁하여 조정의 자리에 올려 주었고, 둘도 없는 은총으로 중요

---

10 노관奴官: 왕모중王毛仲과 이의덕李宜德이 모두 황제의 종이었기 때문에 이른 말임.

한 일들을 그에게 위임하였도다. 그런데도 그는 자그마한 보탬도 없이 제멋대로 교만하여 우쭐거리는 행동을 하였다. 옛날 간난艱難에 처했을 때도 갑자기 도망해 숨었지만 옛정을 깊이 생각해서 관대하게 용납하였는데, 이에 남다른 영화榮華만을 믿고서 잘못을 뉘우쳐 고쳤다는 소리를 듣지 못했도다. 공소公所에 있을 때는 정성을 다하는 공효功效가 없고 평상시에는 원망하는 말이 많았도다. 그 깊은 허물을 살펴보면 사형에 처하는 것이 합당하나, 그 어리석음을 용서하여 멀리 내쫓는 것이 마땅하도다. 양주 별가 원외치장濮州別駕員外置長의 직임이 가할 것이니 차사差使는 역마驛馬를 달려 그를 거느리고 임지任地로 가라. 그리고 그에게는 이리저리 돌아다니는 것과 안건 심리를 불허하노라."

좌령군 대장군左領軍大將軍 경국공耿國公 갈복순葛福順은 벽주 원외별가 壁州員外別駕로 내쫓고, 좌감문 장군左監門將軍 노룡자盧龍子와 당지문唐地文은 진주 원외별가振州員外別駕로 내쫓고, 우무위 장군右武衛將軍 성기후 成紀侯 이수덕李守德은 엄주 원외별가嚴州員外別駕로 내쫓았다. 이수덕李守德은 본래 '이의덕李宜德'인데 공을 세운 후에 이름을 바꾼 것이다. 우위위 장군右威衛將軍 왕경요王景耀는 당주 원외별가黨州員外別駕로 내쫓고, 우위 위 장군右威衛將軍 고광제高廣濟는 도주 원외별가道州員外別駕로 내쫓았다. 왕모중의 아들 태자복太子僕 왕수정王守貞은 시주 사호施州司戶로 내쫓고, 대자가령太子家令 왕수렴王守廉은 계주 사호溪州司戶로 내쫓고, 솔경령率更 令 왕수경王守慶은 학주 사창鶴州司倉으로 내쫓고, 좌감문장사左監門長史 왕수도王守道는 부주 참군涪州參軍으로 내쫓았다. 이 밖에도 연루된 자가 수십 명이었다. 또 왕모중을 죽이라고 조서詔書를 내리니, 영주永州에 이르러 그를 목매어 죽였다. (『구당서』 권 106)

왕사례

"목을 베려면 벨 것이지, 다시 불러들이다니 무슨 일처리가 그러냐?"

서른. 왕사례

왕사례王思禮는 영주성營州城[1] 옆에 살던 고구
려 사람이다. 부친 왕건위王虔威는 삭방군朔方軍의 장수였는데 전투에 익숙한
것으로 소문이 났다. 왕사례는 소싯적에 전투를 익혔는데, 절도사節度使 왕충
사王忠嗣를 따라 하서河西로 갔다가 가서한哥舒翰과 함께 왕충사의 압아押衙
가 되었다. 가서한이 농우절도사隴右節度使가 되자 왕사례는 중랑中郎 주필周
泌과 더불어 가서한의 압아押衙가 되었는데, 석보성石堡城을 함락한 공으로
우금오위 장군右金吾衛將軍에 제수되어 관서병마사關西兵馬使를 맡고 하원

---

1 영주營州: 지금의 요녕성遼寧省 조양시朝陽市 일대. 이 당시 영주는 당唐 나라가 북동방의 이민족을
제어하기 위한 전진기지로 운영한 전략도시였다. 이곳에는 고구려 유민을 비롯하여 말갈인·거
란인 등 다수 민족이 집결해 있었다.

군사河源軍使를 겸하게 되었다. 천보天寶 11년(752)에 운휘장군雲麾將軍이 더하여졌다. 천보 12년(753)에 가서한이 구곡九曲을 정벌할 때, 왕사례가 약속한 기일보다 늦게 도착했기 때문에 그를 끌어다 참수斬首하려 하다가 뒤이어 사신을 보내 풀어주라고 명했다. 그러자 왕사례가 천천히 말하였다.

"목을 베려면 벨 것이지, 다시 불러들이다니 무슨 일처리가 그러냐?"

여러 장수들이 모두 그를 장하게 여겼다.

천보 13년(754)에 토번吐蕃의 소비왕蘇毗王이 복속服屬하니 가서한에게 조서를 내려 마환천磨環川에 가서 그를 응접하게 하였다. 당시에 왕사례가 말에서 떨어져 다리를 다쳤기 때문에 가서한이 중사中使 이대의李大宜에게 말하였다.

"왕사례는 이미 다리를 다쳤으면서도 어디를 가려고 저러지?"

천보 14년(755) 6월에 금성태수金城太守가 더하여졌다. 안녹산安祿山이 반란을 일으키자 가서한이 원수元帥가 되었는데, 왕사례에게 개부의동삼사開府儀同三司를 더하여 달라고 주청奏請하였다. 현종이 왕사례로 하여금 태상경 동정원兼太常卿同正員을 겸하게 하여 원수부 마군도장元帥府馬軍都將을 맡게 하니, 가서한은 매사를 오직 왕사례하고만 결정하였다. 천보 15년(756) 2월에 왕사례가 가서한에게 안사순安思順의 아버지[2] 안원정安元貞을 도모하여 죽이라고 아뢰었고, 가서한에게 은밀하게 말하여 양국충楊國忠을 주살誅殺하라는 표표表를 현종에게 올릴 것을 청하였으나, 가서한이 응하지 않았다. 다시 삼십 기의 기병騎兵으로 양국충을 위협하여 강제로 태우고 동관潼關으로 와서 죽이자고 청하니, 가서한이 말하였다.

"이는 바로 내가 모반하는 것이지 어찌 안녹산의 일과 관련이 있단 말인가?"

6월에 동관潼關이 함락되니, 왕사례는 서쪽으로 행재行在[3]로 달려가 안화

---

2 아버지: 『신당서新唐書』와 『자치통감資治通鑑』에는 '아우[弟]'로 되어 있음.
3 행재行在: 행재소行在所. 임금이 왕궁을 떠나 멀리 거둥할 때 임시로 머무르는 곳.

군安化郡에 도착했다. 왕사례는 여숭분呂崇賁·이승광李承光과 함께 모두 천자의 어가御駕 아래로 끌려가서, 동관潼關을 견고히 지키지 못했다는 이유로 견책을 당해 모두 군령軍令에 따라 벌을 받게 되었다. 혹자或者가 훗날 공을 세울 수 있다고 구명救命을 하니, 마침내 이승광만 참수하고 왕사례와 여숭분은 석방하여 방관房琯에게 보내 부사副使로 삼게 하였다. 편교便橋[4]에서의 전투가 또 불리해지자 다시 관내 절도사關內節度使에 제수되었다. 얼마 후에 무공武功 땅을 지키게 하였다.

적장賊將 안수충安守忠 및 이귀인李歸仁·안태청安泰淸이 쳐들어 오니 왕사례는 그 무리를 거느리고 물러나 부풍扶風을 지켰다. 적병賊兵이 분산하여 태화관大和關에 이르렀는데, 봉상현鳳翔縣과의 거리가 50 리였다. 왕사王師가 크게 놀라 봉상현을 엄히 경계하니, 환관 및 조정의 관리들이 모두 그들의 처자를 탈출시키거늘, 천자가 좌우 순어사左右巡御史와 우후虞候를 시켜 그들의 이름을 적게 하니, 이에 탈출하는 무리가 그치게 되었다. 드디어 사도司徒 곽자의郭子儀에게 명하여 삭방朔方의 무리를 거느리고 적병을 공격하게 하여 퇴각시켰다.

지덕至德 2년(757) 9월에 왕사례가 원수元帥 광평왕廣平王을 따라 서경西京을 수복收復하였다. 이미 적을 격파하고 나서 왕사례가 병사를 거느리고 먼저 경청궁景淸宮으로 들어갔다. 또 곽자의郭子儀를 따라 섬성陝城·곡옥曲沃·신점新店에서 전투를 벌였는데, 적군이 계속하여 패퇴하자 동경東京을 수복收復하였다. 왕사례가 또 강군絳郡에서 석의 무리 육천여 명을 격파하니, 무기는 산처럼 쌓였고 우마牛馬는 만萬으로 헤아릴 정도였다. 호부상서戶部尚書·곽국공霍國公으로 승천陞遷하고, 실봉實封 삼백 호戶를 식읍食邑

─────

4 편교便橋: 섬서성陝西省 함양현咸陽縣 서쪽에 있는 다리 이름.

으로 받았다. 건원乾元 2년(759)에 곽자의 등 아홉 명의 절도사節度使와 더불어 안경서安慶緖[5]를 상주相州에서 포위하였다. 왕사례는 관내關內 및 노부潞府 행영行營의 보병 삼만 명과 기병 팔천 명을 거느렸다. 대군大軍이 적병에게 궤멸潰滅당했으나 오직 왕사례와 이광필李光弼의 양 군대만 온전하였다. 이광필이 하양河陽을 지키게 되자 조서를 내려 왕사례를 태원윤太原尹 · 북경유수北京留守 · 하동절도사河東節度使 · 겸 어사대부兼御史大夫로 삼으니, 군량軍糧 백만百萬 곡斛을 저축하고 무기를 정밀하고 예리하게 만들었다. 얼마 후에 수 사공守司空이 더하여졌다. 무덕武德[6] 이래로 삼공三公[7]으로서 재상宰相을 거치지 않은 사람은 오직 왕사례 뿐이었다.

상원上元 2년(761) 4월에 병으로 죽으니, 하루 동안 조회朝會를 폐하였다. 태위太尉를 추증追贈하고 시호諡號를 무열武烈이라 하고, 홍려경鴻臚卿에게 명하여 상사喪事를 감호監護하게 하였다. 왕사례는 수지收支 회계會計에는 뛰어났으나 용병用兵에는 부족하였다. 그러나 법을 엄정하게 세워서 사졸들이 감히 범하지 못했으니, 당시 사람들이 그 점을 칭찬하였다. (『구당서』 권 110)

---

5 안경서安慶緖: 안녹산의 맏아들. 757년에 안녹산이 애첩의 아들 안경은安慶恩으로 하여금 자신의 뒤를 잇게 하려 하자, 사람을 시켜 안녹산을 죽이고 스스로 섰다.
6 무덕武德: 중국 당唐 나라 고조高祖의 연호(618~626년).
7 삼공三公: 나라의 세 가지 최고 관직. 태위太尉 · 사공司空 · 사도司徒를 말함.

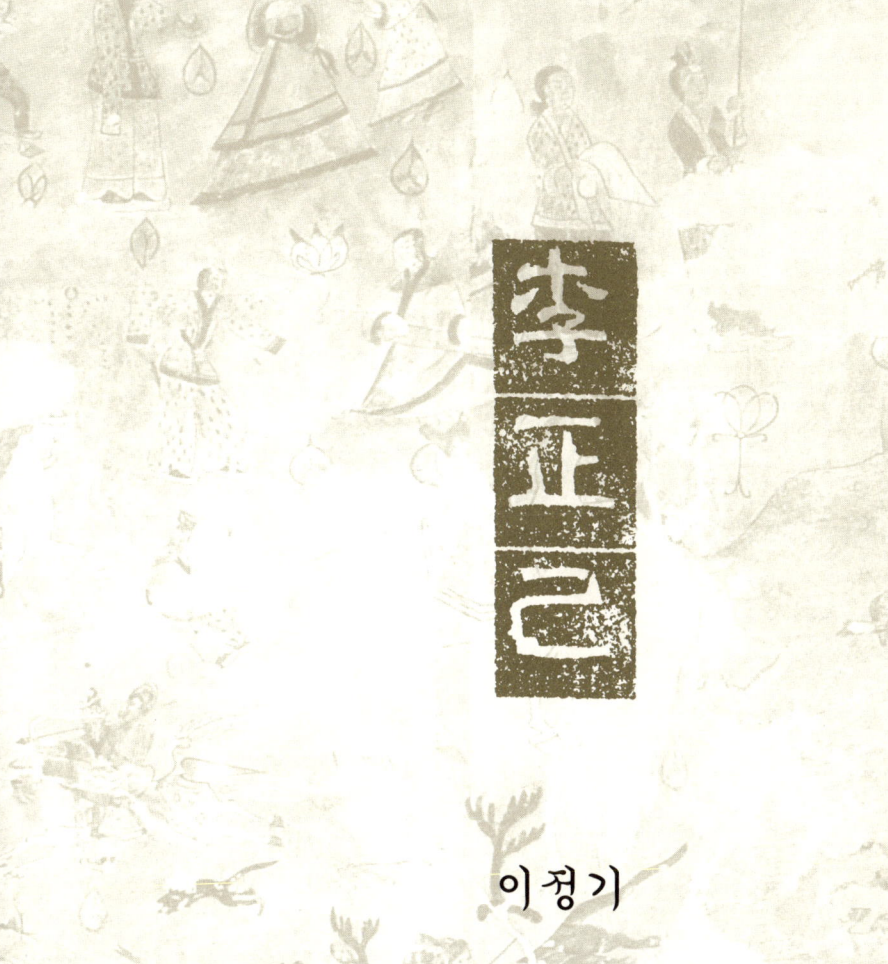

李正己

이정기

이정기가 추장의 목을 잡고 등짝을 후려갈겼다.
그러자 추장은 오줌을 질질 쌌고,
많은 군사들은 소리를 지르면서 웃어댔다.

서른하나. 이정기

이정기李正己는 고구려 사람이다. 본명은 회옥懷
玉이니, 평로平盧에서 출생하였다. 건원建元 원년(758)에 평로절도사平盧節度
使 왕현지王玄志가 죽으니 마침 칙견사勅遣使가 와서 위문을 하였는데, 이회
옥은 왕현지의 아들이 절도사가 될까 염려하여 마침내 그를 죽이고 군인들과
함께 후희일侯希逸을 추대해 세워 군수軍帥로 삼았다. 후희일의 어머니는 바
로 이회옥의 고모였다. 이회옥은 후에 후희일과 함께 청주靑州에 가서 여러
차례 승진하여 절충장군折衝將軍에 이르렀는데, 날래고 건장하며 용력勇力이
있었다. 보응寶應[1] 연간年間에 여러 군대가 사조의史朝義를 토벌하러 정주鄭
州에 도착했을 때이다. 회흘迴紇[2]의 추장이 바야흐로 우악스럽고 포악하여
제멋대로 방자하게 구니, 여러 절도사들이 모두 그에게 굴복하였다. 이정기는

당시에 군후軍候였는데, 홀로 기세氣勢로써 그를 꺾어보려 하였다. 인하여 그와 각축角逐을 벌이니 많은 군사들이 모여들어 구경을 하였다. 이정기는 추장에게 약속을 하자고 말하였다.

"진 사람을 때리기로 합시다."

각축을 벌여 이정기가 앞서게 되었는데, 이정기가 추장의 목을 잡고 등짝을 후려갈겼다. 그러자 추장은 오줌을 질질 쌌고, 많은 군사들은 소리를 지르면서 웃어댔다. 추장은 부끄러워 이로부터 감히 포악한 짓을 하지 않았다.

절도사 후희일侯希逸은 바로 이정기의 고종형이었는데, 그를 등용하여 병마사로 삼았다. 이정기가 침착하고 의연하여 많은 사람들의 마음을 얻게 되자, 후희일은 일을 구실로 삼아 그를 해직시켰다. 그러자 군중軍中에서는 모두 '죄가 아니니 폐하는 것은 부당하다'고 말하였다. 마침 군인들이 후희일을 축출하자 후희일이 달아나거늘 드디어 이정기를 세워 군수軍帥로 삼았다. 조정에서도 이 일로 인해 평로 치청 절도관찰사平盧淄青節度觀察使·해운압신라발해양번사海運押新羅渤海兩蕃使·검교 공부상서檢校工部尚書·겸 어사대부兼御史大夫·청주 자사青州刺史를 제수하고 '정기正己'라는 지금의 이름을 하사하였다. 얼마 후에 검교 상서우복야檢校尚書右僕射가 더하여졌고, 요양군왕饒陽郡王에 봉해졌다. 대력大曆 11년(776) 10월에 검교 사공檢校司空·동중서문하평장사同中書門下平章事가 되었고, 13년(778)에 호적戶籍에 넣어줄 것을 청하니 들어주었다. 정치를 엄하고 혹독하게 하여 그가 있는 곳에서는 사람들이 감히 짝지어 이야기하지 못했다. 처음에 치주淄州·청주青州·제주齊州·해주海州·등주登州·내주萊州·기주沂州·밀주密州·덕주德州·체주

---

1 보응寶應: 중국 당唐 나라 대종代宗의 연호(762~763년).
2 회흘廻紇: 수隋·당唐 시대부터 송宋·원元 시대에 걸쳐 몽고 및 감숙성甘肅省 등지에서 약 1세기 동안 세력을 잡은 터키 계통의 부족. 회흘回紇. 회흘回鶻. 위구르(Uigur).

棣州 등의 땅을 소유하였는데, 전승사田承嗣·영호창令狐彰·설숭薛嵩·이보신李寶臣·양숭의梁崇義와 더불어 서로서로 영향을 주고받으며 의지하고 있었다. 대력大曆[3] 연간年間에 설숭薛嵩이 죽고 이영요李靈曜가 난을 일으키자, 여러 도道에서 함께 그 땅을 공격하여 차지한 것을 자기 고을로 삼았다. 이정기는 다시 조주曹州·복주濮州·서주徐州·연주兗州·운주鄆州를 얻었으니, 모두 15주州가 되었다. 안으로 15주를 모두 똑같이 대우하였고, 발해渤海의 명마를 해마다 끊임없이 사들였으며, 법령을 한결같이 가지런히 하고, 부세를 고르고 가볍게 하니, 동렬同列 중에서 가장 강대하다고 일컬어졌다. 일찍이 전승사田承嗣를 공격하여 위세가 이웃의 적들에게 진동하였다. 검교 사공檢校司空·좌복야左僕射·겸 어사대부兼御史大夫를 역임하였고, 평장사平章事·태자 태보太子太保·사도司徒가 더하여졌다.

후에 거소居所를 청주靑州에서 운주鄆州로 옮겨 아들 이납李納과 심복 장수들로 하여금 그 땅을 나누어 다스리게 하였다. 건중建中[4] 연간年間 이후로는 조정을 두려워하여 스스로 불안해한 적이 많았다. 이정기는 조정에서 장차 변주汴州에 성을 쌓으려 한다는 것을 듣고, 이에 병사를 옮겨 제음濟陰에 주둔시키고 밤낮으로 교습敎習하여 대비를 하였다. 이리하여 하남河南이 떠들썩해지자 온 나라가 근심을 하니, 천자가 우격羽檄[5]을 급히 보내 병사들을 징집하여 대비를 증강하였다. 그러자 이정기는 또 서주徐州에 병사를 증파增派하여 양자강揚子江과 회하淮河 유역流域을 점거하였고, 이 때문에 천자는 조운漕運의 길을 바꾸게 되었다. 얼마 후에 이정기는 등창이 나

---

3 대력大曆: 중국 당唐 나라 대종代宗의 연호(766~779년).
4 건중建中: 중국 당唐 나라 덕종德宗의 연호(780~783년).
5 우격羽檄: 군사상 급히 전하던 격문. 매우 급한 일이 있을 때에 나무 판에 쓴 격문에 깃털을 꽂아 보냈던 데서 유래한다.

서 죽었으니, 당시 나이가 49세였다. 아들 이납李納이 병정兵政을 제멋대로 총괄하였는데, 이정기의 죽음을 여러 달 동안 비밀로 하다가 이에 초상난 것을 발표하였다. 이납李納이 군사력을 믿고 흥원興元 원년(784) 4월에 당 나라에 귀순歸順을 하니, 당 나라에서는 바야흐로 이정기李正己에게 태위太尉를 추증追贈하였다. (『구당서』 권 124)

이납

이정기가 죽자 이납은 초상을 비밀에 붙인 채
아버지의 무리를 통솔하여 이에 다시 난을 일으켰다.

서른둘 · 이납

이납李納이 소싯적에, 이정기李正己가 그를 보
내 병사를 거느리고 북방 오랑캐를 막게 하였는데, 대종代宗이 불러 보고 가
상하게 여겨 봉례랑奉禮郞에서 파격적으로 전중승殿中丞·겸 시어사兼侍御史
를 제수하고 자금紫金[1]으로 장식한 어대魚袋[2]를 하사하였다. 이납은 검교 창
부 닝중檢校倉部郞中을 역임하고 아울러 아버지의 군대를 통솔하였는데, (이
정기가) 주청奏請하여 치주 자사淄州刺史로 임명되었다. 이정기가 병사를 거

---

1 자금紫金: 적동赤銅의 딴이름.

2 어대魚袋: 중국 당唐 나라 때부터 명明 나라 때까지 사용한, 금과 은을 장식한 물고기 모양의
부신符信. 좌우 두 쪽으로 나누어 왼쪽은 궁중에 두고 오른쪽은 몸에 지니고 다녔으며, 벼슬
이름과 성명을 새기어 궁중 출입시 이를 맞추었다.

느리고 전승사田承嗣를 공격할 때, 주청하여 절도관찰 유후節度觀察留後로 임명되었다. 얼마 후에 청주 자사靑州刺史로 옮겼고, 또 주청하여 행군사마行軍司馬로 임명되었으며, 조주 자사曹州刺史, 조·복·서·연·기·해 유후曹濮徐兗沂海留後를 겸하였고 또 어사대부御史大夫가 더하여졌다.

건중建中[3] 초에 이정기李正己·전열田悅·양숭의梁崇義·장유악張惟岳이 모두 반란을 일으켰다. 건중建中 2년(781)에 이정기가 죽자 이납李納은 초상을 비밀에 붙인 채 아버지의 무리를 통솔하여 이에 다시 난을 일으켰다. 이납은 복양濮陽에서 전열田悅을 만나기로 하였으므로, 대장大將 위준衛俊을 먼저 보내 병사 천 명을 거느리고 전열을 구원하게 하였다. 그러나 위준의 군대는 하동 절도사河東節度使 마수馬燧에게 원수洹水에서 패배를 당하여 거의 다 죽거나 부상당하였다. 이렇게 되자 당 나라 덕종德宗은 여러 군대에 조서를 내려 이납을 주살하라고 명하니, 이납의 종숙부 이유李洧는 서주徐州를, 이사진李士眞은 덕주德州를, 그리고 이장경李長卿은 체주棣州를 당 나라에 바치고 귀순하였다. 이납은 팽성彭城이 험준하고 좁으며 또 이유가 일가친척인 자기를 배반한 것에 노했기 때문에 이에 병사를 총동원하여 그를 포위하였다. 덕종은 선무군 절도사宣武軍節度使 유흡劉洽에게 조서를 내려 여러 군대와 함께 이유를 구원하게 하였는데, 유흡은 이납의 군대를 팽성 아래에서 대파하였다. 이런 후에 이납은 병사를 거느리고 복양濮陽으로 후퇴를 하였는데, 유흡이 그 성밖을 공격하여 격파하였다. 이납은 성 위에서 유흡을 보고는 눈물을 흘리고 죄를 뉘우치면서, 판관判官 방열房說을 보내 그의 아우 이경李經·아들 이성무李成務를 거느리고 장안長安으로 조회가게 하고, 유흡劉洽을 통해 순순히 복종하겠다고 청하였다. 마침 중사中使 송봉

---

3 건중建中: 중국 당唐 나라 덕종德宗의 연호(780~783년).

조송봉宋鳳朝가 그것을 보고 이납李納의 계책이 곤궁에 처했다고 생각하여 그를 베어 죽이는 것을 자기의 공으로 삼고자 하여, 놓아주지 말라고 주청奏請하였다. 황제가 이에 방열房說 등에게 형틀을 채워 궁중에 구금拘禁하였다. 이납은 마침내 운주鄆州로 돌아와 다시 이희열李希烈·주도朱滔·왕무준王武俊·전열田悅과 더불어 모두 배반하기로 함께 모의하고는, 임시로 제왕齊王이라 칭하고 백관百官을 두었다. 흥원興元[4] 초에 자기를 죄주라는 조서가 내려오자 이납은 이에 성심으로 순종順從하였다. 그러자 조서詔書를 내려 검교 공부 상서檢校工部尙書, 평로군 절도平盧軍節度, 치·청 주 관찰사淄青州觀察使를 더하여 주었다. 얼마 후에 검교 우복야檢校右僕射·동중서문하 평장사同中書門下平章事가 되었다. 이 때 이희열李希烈이 진주陳州를 포위하니 이납이 병사들을 보내 여러 군대와 더불어 분발하여 공격하게 하여 대파시키고, 인하여 포위망을 풀어주었다. 이에 검교 사공檢校司空이 더하여졌고, 오백 호戶를 봉封해 받았다. 정원貞元[5] 초에 운주鄆州를 승격시켜 대도독부大都督府로 만들고, 장사長史로 고쳐 제수除授하였다. 나이 34에 그 지위地位에서 죽으니 사흘 동안 조회朝會를 폐하였고, 보내준 부의賻儀가 남들과 차등差等이 있었다. (『구당서』 권 124)

---

4 흥원興元: 중국 당唐 나라 덕종德宗의 연호(784년).
5 정원貞元: 중국 당唐 나라 덕종德宗의 연호(785~805년).

이사고

이사고가 비록 겉으로는 조정의 명령을 받들었으나
일찍이 당 나라로 쳐들어갈 계획을 품고 있었다.

서른셋. 이사고

(이납의) 아들 이사고李師古는 여러 번 주청하여 청주 자사青州刺史에 이르렀다. 정원貞元 8년(792)에 이납이 죽자 군중軍中에서 이사고李師古로 하여금 그 지위를 대신하게 하고 나서 주청을 올렸는데, 조정에서 인하여 그에게 청주 자사를 제수하였다. 기복起復[1]하여 우금오대장군동정右金吾大將軍同正·평로급청치제절도영전관찰平盧及青淄齊節度營田觀察·해운육운압신라발해양번사海運陸運押新羅渤海兩蕃使가 되었다. 성덕군 절도사成德軍節度使 왕무준王武俊이 군대를 거느리고 덕주德州와 체주棣州 두

---

1 기복起復: 기복출사起復出仕의 준말. 상중에는 벼슬을 하지 않는다는 것이 관례로 되어 있으나 국가의 필요에 의하여 상제의 몸으로 벼슬 자리에 나오게 하는 일.

주州에 머무르며 장차 합타蛤蝶[2]와 삼차성三汉城을 취하려 하였다. 체주의 염지鹽池와 합타에서는 해마다 소금 수십 만 곡斛이 생산되고 있었다. 체주가 치淄·청青에 예속되어 있었을 때 그 자사刺史 이장경李長卿이 성을 바치고 주도朱滔에게 들어갔으나, 합타는 이납에게 점거당해 있었다. 이납은 이에 따라 성을 쌓고 지켜서 소금의 이익을 독차지하였다. 그 후 왕무준이 주도를 격파한 공으로 덕주와 체주를 예속시켰으나 합타만은 여전히 이납이 지키고 있었다. 이납이 처음에 덕주의 남쪽에서 하수河水를 건너 성을 쌓고 합타를 지켰는데, 그곳을 삼차성三汉城이라 불렀다. 전서田緒와 사귀어 위박魏博으로 가는 길을 통하게 하여 덕주德州를 침략하니, 이것이 왕무준의 근심거리가 되었다. 이납이 죽고 이사고가 계승하자 왕무준王武俊은 이사고의 나이가 어린데다 이제 막 자리에 올랐고, 또 옛 장수들이 대부분 죽었기 때문에 마음속으로 자못 경시하였다. 이에 많은 병사를 거느리고서 합타와 삼차성三汉城을 취하는 것을 명분으로 삼았으나, 그 실상은 이납李納의 영토를 엿보려고 한 것이었다. 이사고는 체주에서 항복한 장수 조호趙鎬로 하여금 그를 막게 하였다. 왕무준은 그의 아들 왕사청王士清으로 하여금 병사를 거느리고 먼저 적하滴河를 건너게 하였는데, 마침 왕사청의 군영軍營에서 불이 나니, 군사들이 놀라고 싫어하여 전진하지 않았다. 덕종德宗이 사신을 보내 유지諭旨를 내리니 왕무준은 즉시 파하고 돌아갔으며, 이사고는 삼차구성(三汉口城)을 헐어버리고 덕종의 명을 따랐다. 이사고가 비록 겉으로는 조정의 명령을 받들었으나 일찍이 당 나라로 쳐들어갈 계획을 품고 있었다. 그 때문에 망명객들을 불러 모아 반드시 후하게 대접하였고, 조정에 죄를 얻어 이사고에게 도망온 자들 또한 즉시 기용하였다. 또 외지外地에 임무를 맡기는 자들은 모두 그 처자를

---

2 합타蛤蝶: 지금의 산동성山東省에 있었던 옛 지명.

남겨두게 하였다. 이는 혹 그들이 당 나라 조정에 귀순할 것을 도모하더라도 일이 누설되면 그 가족을 멸족시키려는 것이었으므로 많은 사람들이 숙음을 두려워하여 감히 다른 시도를 하지 못하였다.

정원貞元 10년(794) 5월에 이사고가 상복 입기를 마치니 검교 예부 상서檢校禮部尙書가 더하여졌다. 정원 12년(796) 정월에 검교 상서 우복야檢校尙書右僕射가 되었다. 11월에 이사고가 모친상을 당했는데, 기복起復하여 좌금오 상장군동정左金吾上將軍同正이 되었다. 정원 15년(799) 정월에 이사고·두우杜佑·이란李欒의 잉첩들이 모두 국부인國夫人이 되었다. 정원 16년(800) 6월에 회남 절도사淮南節度使 두우杜佑와 더불어 함께 제서制書[3]를 받아 중서문하 평장사中書門下平章事가 더하여졌다. 덕종이 유조遺詔를 내렸으나 고애사告哀使가 아직 이르지 아니했는데, 의성군 절도사義成軍節度使 이원소李元素는 이사고와 도道를 이웃하고 있다 하여 유조遺詔를 적어서 이사고에게 알려주어 한 편임을 보였다. 그런데 이사고는 드디어 장수와 병사들을 집합시키고 이원소李元素의 사자使者를 끌어내어 말하였다.

"내가 근래 저리邸吏[4]의 편지를 받아 보았더니, 모두들 천자의 만복萬福을 받고 있다고 하였노라. 이원소가 혹 반란을 하려는 것인지 이에 갑자기 거짓으로 유조遺詔를 적어 보내왔도다. 나는 삼대三代 동안 나라의 은혜를 입어 지위가 장수와 재상을 겸하고 있으니 역적을 본 이상 토벌하지 않을 수 없다."

드디어 이원소의 사자使者를 매실하고 급히 출병出兵하면서 이원소의 토

---

3 제서制書: 조칙詔勅의 하나. 제왕帝王의 제도지명制度之命임.
4 저리邸吏: 경저리京邸吏 또는 영저리營邸吏의 약칭. 경저리는 중앙과 지방 관아의 연락 사무를 담당하기 위하여 지방 수령이 서울에 파견하던 아전 또는 향리鄕吏. 영저리는 각 감영에 속하여 감영과 각 고을 사이의 연락을 취하던 벼슬아치.

벌을 명분으로 삼으니, 국상國喪을 틈타서 주현州縣을 침략하려 한 것이었
다. 얼마 후에 순종順宗이 즉위卽位했음을 듣고 이사고는 이에 군대를 해산
하였다. 후에 여러 차례 승진하여 관작이 검교 사도檢校司徒·겸 시중兼侍中
에 이르렀다. 죽으니 태부太傅를 추증追贈하였다. (『구당서』 권 124)

이사도

"만약 우리가 세 주州를 바치지 않는다면
당나라 조정에서는 기껏해야 병사를 일으켜
우리를 공격하는 데 불과할 것이니, 힘껏 싸워볼 만합니다."

서른넷. 이사도

이사도李師道는 이사고李師古의 배다른 동생이다.
이사도의 어머니는 장충지張忠志의 딸이다. 이사도는 당시 밀주密州지사였는
데, 이사고가 죽자 그 가노家奴가 초상을 발표하지 않고 몰래 사람을 보내
이사도를 밀주密州에서 맞아들여, 그를 받들었다. 조정의 명령이 오래도록
오지 않자 이사도는 장리將吏와 모의하여 혹 사방으로 쳐들어가려 하였는데,
판관判官 고목高沐이 굳이 제지하였다. 이에 다시 글을 올려 양세兩稅[1]를 바치
고 소금에 관한 법령을 지키며 관원官員을 상신上申하겠다고 주청하고, 판관
判官 최승총崔承寵과 공목관孔目官 임영林英을 보내 서로 이어 이 일을 아뢰

---

1 양세兩稅: 당 나라 덕종德宗 때, 양염楊炎의 건의에 따라 시작된 세법. 종래의 조용조租庸調 세제
稅制를 폐지하고 백성들의 재산 등급에 따라 봄가을 두 번 세금을 징수하였다.

게 하였다. 이 때 두황상杜黃裳이 재상이 되었는데, 그는 아직 이사도의 세력이 안정되지 않은 것을 틈타 그의 권세를 나누고 깎아내리려 획책하였다. 그러나 헌종憲宗은 촉천蜀川이 바야흐로 시끄러웠기 때문에 이사도李師道를 칠수가 없었다. 원화元和 원년(806) 7월에 드디어 건왕建王 심審에게 명하여 절도사들을 멀리서 감독하게 하고, 이사도에게 검교 좌산기상시檢校左散騎常侍·겸 어사 대부兼御史大夫, 권지운주사權知鄆州事를 제수하여 치청절도 유후淄青節度留後를 맡게 하였다. 10월에 검교 공부 상서檢校工部尙書, 겸 운주 대도독부 장사兼鄆州大都督府長史가 더하여졌고, 평로군平盧軍 및 치청절도 부대사淄青節度副大使, 지절도사知節度事·관내지탁영전 관찰처치管內支度營田觀察處置·육운해운압신라발해양번등사陸運海運押新羅渤海兩蕃等使를 맡게 하였다.

이정기李正己로부터 이사도李師道에 이르기까지 운주鄆州·조주曹州 등 12주州를 훔쳐 가진 지가 60년이 되었다. 그들은 무리들이 자기들에게 붙지 않을까 두려워하여 모두 엄한 법으로 통제하였다. 병력을 데리고 외지에서 진을 치고 있는 대장大將들은 모두 그 처자들을 인질로 삼았다. 혹 그들이 당 나라 조정에 귀순하려 모의하다가 일이 누설되면 그 집안은 젊은이나 늙은이 할 것 없이 모두 죽였다. 이 때문에 무리를 위협할 수가 있어서 부자와 형제간에 서로 전하였던 것이다. 원화元和 5년(810) 7월에 검교 상서우복야檢校尙書右僕射가 되었다.

원화元和 10년(815)에 왕사王師가 채주蔡州를 토벌하니 이사도李師道가 병사들로 하여금 하음창河陰倉을 불사르고 건릉교建陵橋를 끊게 하였다. 이전에 이사도가 하남부河南府에 관저를 마련해 두고 머물렀는데, 병사들과 첩자들이 뒤섞여 왕래하니 관리들도 감히 분별하지 못했다. 오원제吳元濟가 북쪽으로 여汝·정鄭을 침범하니, 이로 인하여 교외郊外와 기내畿內에 경비를 강화하여 방어병들이 모두 이궐伊闕을 지키고 있었다. 이사도가 몰래 병

사 팔구십 명을 그 관저에 들여서 궁궐을 불사르고 마음대로 죽이고 노략질
할 것을 모의했다. 이미 소를 삶아 무리들을 먹이고서 이튿날 나아가려 할
때, 마침 양진楊進과 이재흥李再興 두 소장小將이 유수留守 여원응呂元膺에
게 나아가 고변告變을 하였다. 여원응이 이궐伊闕로 쫓아가 병사로 포위하
였으나 반나절이 지나도록 감히 진공進攻하지 못했다. 방어 판관防禦判官
왕무원王茂元이 한 사람을 죽인 후에 진격했는데, 혹은 담을 무너뜨리고 들
어간 자도 있었다. 이사도의 무리가 갑자기 나와 사람들을 죽이니 포위하고
있던 병사들이 놀라 달아나거늘 이사도의 무리들은 길 가운데서 대오를 이
룰 수 있었다. 그들은 처자식을 자루 속에 넣고 갑옷과 투구를 입은 병사들
을 후군後軍으로 삼아 지키면서 달아나니 방어병들이 감히 추격하지 못했
다. 이사도의 무리들은 장하문長夏門으로 나가 교외의 농막을 옮겨다니며
노략질하면서 동쪽으로 이수伊水를 건너 숭산嵩山으로 들어갔다. 여원응이
근처의 병사들에게 경계를 강화하게 하고, 거액의 현상금을 내걸어 그들을
사로잡게 하였다. 여러 달이 지난 후에, 산붕山棚[2] 사람들이 저자에서 사슴
을 팔고 있었는데 이사도의 무리들이 그들을 만나 사슴을 빼앗았다. 그 사람
들이 달아나 자기 무리를 불렀고, 혹자는 관군官軍을 끌어들여, 함께 골짜기
안에서 포위하여 이사도의 무리를 모두 잡았다. 철저히 다스려 괴수를 잡고
보니 바로 중악사中岳寺의 중 원정圓靜이었다. 그는 나이가 여든이 넘었는
데, 일찍이 사사명史思明의 장수로 있었으며, 남보다 훨씬 뛰어나고 사나웠
다. 처음 그를 잡았을 때, 힘센 자를 시켜 쇠망치로 치게 하였으나 정강이를
분지르지 못했다. 원정이 꾸짖으며 말하였다.

"쥐새끼 같은 놈, 사람의 다리도 오히려 못 분지르면서 감히 건아健兒라

---

2 산붕山棚: 당 나라 때 일정한 거처가 없이 산간에 떠돌며 사냥을 업으로 하던 민호民戶.

고 할 수 있단 말이냐!"

이에 스스로 자기 발을 대주어 분지르게 하였다. 처형을 받게 되자 이렇게 말하였다.

"내 일을 그르쳐서 낙성洛城을 피바다로 만들지 못했구나."

사형을 당한 자가 모두 수십 명이었다. 유수留守와 어장禦將 두 명·도정역졸都亭驛卒 다섯 명·감수 역졸甘水驛卒 세 명이 모두 몰래 이사도에게 임무를 받아 그들의 눈과 귀가 되어 주었는데, 처음 모의할 때부터 패하게 되었을 때까지 이들의 정체를 알아차린 사람이 없었다.

이전에, 이사도李師道는 이궐伊闕과 육혼陸渾의 사이에 밭을 많이 사 두었는데, 모두 열 곳이나 되었다. 그곳에 산붕山棚 사람들을 머물게 하여 의식衣食을 해결시켜 주려 하였다. 자가진訾嘉珍과 문찰門察이라는 자가 있었는데, 몰래 그들을 배치하여 원정圓靜을 따르게 하였다. 원정은 이사도李師道의 돈 천만 전錢을 가지고 숭산嵩山의 불광사佛光寺를 보수補修하는 체하다가, 자가진訾嘉珍이 몰래 출발할 때 산속에서 횃불을 들어 신호하는 것을 기해서 두 현縣의 산붕山棚 사람들을 모아 난을 일으키기로 약속을 했던 것이다. 그들을 철저히 조사해보니 자가진訾嘉珍과 문찰門察이 바로 무원형武元衡을 해친 자들이었다. 여원응呂元膺은 이러한 사실을 구장具狀[3]으로써 아뢰었다. 오원제吳元濟가 주살誅殺당하자 이사도李師道가 두려워하여 표表를 올려 조정의 뜻을 받아들이겠다고 빌고 세 주州를 베어 바치고 아울러 맏아들을 보내 입시入侍하여 숙위宿衛하도록 하겠다고 청하니, 조서를 내려 윤허하였다.

이사도李師道는 식견이 어두웠기 때문에 정사政事가 모두 계집종들에게

---

3 구장具狀: 어떤 일의 내용을 상세히 적어 보고하는 서류.

서 결정되었다. 그 중에 포대자蒲大姊와 원칠랑袁七娘이라 부르는 계집들이 주모자였는데, 이에 말하였다.

"돌아가신 사도司徒 이래로 계속 이 열두 주州를 소유해 왔는데, 어찌하여 어느 날 갑자기 아무 고생도 안 해보고 이 땅을 떼어 바친단 말입니까! 지금 우리의 병사들이 수십만 명이니, 만약 우리가 세 주州를 바치지 않는다면 당 나라 조정에서는 기껏해야 병사를 일으켜 우리를 공격하는 데 불과할 것이니, 힘껏 싸워볼만합니다. 싸워서 이기지 못 하면 그때 가서 땅을 떼어 바치는 일을 의논하더라도 늦지 않습니다."

이사도가 그 말을 따라 중지하고, 표表를 올려 군대 내의 정세가 화합하지 못한 상태라고 말하니, 이에 여러 군대에 조서詔書를 내려 토벌하게 하였다. 원화元和 10년(815) 12월에 무령절도사武寧節度使 이원李愿이 장수 왕지흥王智興을 보내 이사도의 무리 구천 명을 격파하고, 이천 여 명의 목을 베었으며, 우마牛馬 사천 마리를 얻고 드디어 평음平陰에 도착하였다. 원화元和 11년(816) 11월에 이사도에게 사공司空을 더하여 주고는 인하여 급사중給事中 유공작柳公綽을 보내 가서 위로하게 하였으니, 장차 이사도가 하는 것을 보아서 관용을 베풀고자 한 것이다. 이사도가 진실로 겸손하게 말을 하기는 했으나 큰 잘못은 고치지 못했다. 원화元和 13년(818) 7월에 창주 절도사滄州節度使 정권鄭權이 치청淄青의 적병을 제주齊州 복성현福城縣에서 격파하고 오백여 명의 목을 베었다. 10월에 서주 절도사徐州節度使 이소李愬와 병마사兵馬使 이우李祐가 연주兗州 어대현魚臺縣에서 적병 삼천여 명을 격파하였다. 위박 절도사魏博節度使 전홍정田弘正이 본군本軍을 거느리고 양류陽劉에서 하수河水를 건너 운주鄆州와 구십 리 떨어진 곳에 군영軍營을 설치하고 다시 맞붙어 싸워 적병 삼만여 명을 격파하였다. 삼천 명을 사로잡았고, 거두어들인 무기는 이루 다 기록할 수가 없었다. 진허 절도사陳許節度使 이광안李光顏이 복양현濮陽縣 경계에서 적병을 격파하여 두문성斗

門城과 두장책杜莊柵을 수복收復하였다. 전홍정田弘正이 다시 고동아현故東阿縣 경계에서 적병 오만 명을 격파하였다. 여러 군대가 사방에서 모여 여러 차례 성책城柵을 함락시켰다.

이사도李師道는 유오劉悟로 하여금 병사를 거느리고 위박魏博의 군대를 막게 하였는데, 패하고 말았다. 그 뒤에 다시 여러 차례 명령을 내려 출전出戰을 재촉하였으나 군사들이 진군하지 않았다. 이사도는 이에 하인을 시켜 유오를 불러들여 대사大事를 의논하려 하였다. 유오는 그가 자기를 죽이려 온 것으로 알고 이에 병을 핑계대고 나가지 않았고, 군관軍官들을 불러 모의하였다.

"위박魏博의 군대는 강한데다 승세를 타고 출전하였으니 반드시 우리 군대를 패배시킬 것이고, 우리들은 탈출하지 않으면 죽게 될 것이다. 지금 천자가 주살하려는 사람은 사공司空[4] 한 사람일 뿐이다. 내가 그대들과 함께 모두 쫓겨나서 사지死地로 나아가는 것보다는 차라리 전화위복의 계기로 삼아 찾아온 하인을 죽여버리고 병사를 거느리고 운주鄆州로 달려가 큰 공을 세워서 부귀를 구하는 것이 낫지 않겠는가?"

뭇 사람들이 모두 "좋습니다."라고 대답하였다. 이에 그 하인을 맞이하여 참수하고 드디어 이사도李師道의 소환문서를 가지고 병사를 거느리고 운주鄆州로 달려갔다. 밤이 되어 성문에 이르러 이사도李師道의 소환문서를 보이니 이에 들어갈 수 있었다. 병사들이 계속 진격하여 구장毬場에 이르러 인하여 그 내성內城을 포위하고 화공火攻을 하여 이사도李師道를 사로잡아 그 목을 베어 위박魏博의 군대로 보내니, 이 때가 원화元和 14년(819) 2월[5]이었

---

4 사공司空: 이사도李師道를 가리킴.
5 이 내용은 『삼국사기三國史記』의 기록과는 약간의 차이가 있다.
  가을 7월에 당 나라 운주 절도사 이사도가 반란을 일으켰다. 헌종이 장차 그를 토벌하고자

다. 이 달에 전홍정田弘正이 이사도의 수급을 장안長安에 바치니, 천자가 좌
우군左右軍에 명하여 괵수馘首[6]를 받는 의식과 똑같이 하게 하였다. 이에
먼저 태묘太廟[7]와 교사郊社[8]에 이사도의 수급을 바치고 난 후, 헌종憲宗이
흥안문興安門에 임어臨御하여 받으니, 모든 관료들이 하례를 드렸다.

이전에, 동군제도 행영절도東軍諸道行營節度가 적병의 장수 하후징夏侯
澄 등 모두 47인을 사로잡았는데, 조서詔書에 다음과 같이 말하였다.

"흉악한 무리에 붙어서 왕사王師에 항거한 죄는, 나라에 정한 형법이 있
으니 모두 사형에 해당한다. 짐朕이 생각하기에 그들은 오래도록 나쁜 풍속
속에서 살면서 모두 위협에 못 이겨 역적들을 따른 것이다. 더구나 우리가
토벌한 이래로 시일이 얼마 안 되니, 설사 전화위복의 계획을 품었다 하더라
도 충성을 다할 길이 없었을 것이다. 정상情狀이 불쌍한듯하여 짐朕은 차마
죽이지 못하겠노라. 더구나 삼군三軍의 백성들이 누군들 내 백성이 아니겠
는가? 조령詔令을 반포頒布하여 시행함에, 죄주는 것은 이사도李師道 한 사
람에 그치겠노라. 바야흐로 도탄塗炭에서 구하고자 하여 이 때문에 그 목숨
을 살려주려고 참으로 형법을 너그럽게 적용하는 것이니, 은혜를 알도록 하
여라. 모두 마땅히 특별 석방을 할 것이니, 즉시 체송遞送[9]하여 위박魏博 및

하여 양주절도사 조공을 보내 우리 병마를 징발하니, 왕은 칙지를 받들어 순천군장군 김웅원
으로 하여금 갑병 3만 명을 거느리고 가서 돕게 하였다(秋七月, 唐郓州節度使李師道叛. 憲宗將欲討
平, 詔遣楊州節度使趙恭, 徵發我兵馬, 王奉勅旨, 命順天軍將軍金雄元, 率甲兵三萬以助之).〈『삼국사기』 신라본기
권 제10 헌덕왕憲德王 11년〉

6 괵수馘首: 반도叛徒나 도둑을 토벌하여 잘라온 머리.

7 태묘太廟: 중국 제왕가 조상의 위패를 두던 종묘宗廟. 주 나라 이후 천자는 7 묘廟, 제후諸侯는
5 묘를 베풀었다.

8 교사郊社: 하늘과 땅에 지내는 제사. 동지 때 임금이 남교南郊에서 하늘에 제사지내고 하지
때 북교北郊에서 땅에 제사지냈다.

9 체송遞送: 범인을 체포하여 압송할 때, 각 경유지의 관아에서 사람을 파견하여 번갈아 압송하
는 일.

의성義成의 행영行營에 보내 각각 절도사節度使에게 맡겨 관리하고 부리게 하라. 만약 부모와 혈족이 아직도 역적들 속에 있거나 혹은 여위고 늙고 병 들어 집에 돌아가려는 심정이 절실한 자들은 사정을 헤아려 관대하게 놓아 보내는 것이 마땅할 것이다. 서로 전적으로 용서하는 데 힘써야지, 의심하여 머뭇거릴 것이 무엇이 있는가?"

하후징夏侯澄 등이 행영行營에 이르자 적병들이 엿보아 알고서 전하여 알리니, 반도叛徒들이 모두 조정의 은혜에 감복하였고, 이로부터 유오劉悟 가 자신의 지모를 행할 수 있었다.

이사도李師道의 처 위씨魏氏 및 어린 아들은 모두 액정掖庭[10]에 유배되었 다. 사촌동생 이사현李師賢과 이사지李師智는 춘주春州로 유배되고, 조카 이 홍손李弘巽은 뇌주雷州로 유배되었다. 조서詔書를 내려 12 주州를 나누어 3 절도節度로 만들어 마총馬總·설평薛平·왕수王遂로 하여금 나누어 지키게 하 였다. 인하여 재신宰臣 최군崔羣에게 명하여 비문碑文을 지어 그 일을 기록하 게 하였다. 국가가 천보天寶 말에 안녹산安祿山이 양하兩河에서 반란을 시작 한 때로부터 보응寶應 원년(762)에 왕사王師가 사조의史朝義를 평정함에 이르 기까지 장수 설숭薛嵩·이회선李懷仙·전승사田承嗣·이보신李寶臣 등이 거 짓 명을 받아 주군州郡을 나누어 다스렸는데, 조정에서는 전쟁을 싫어하여 복고회은僕固懷恩의 주청을 따라 나아가 관작官爵을 더해 주었다. 후희일侯希 逸이 군인들에게 축출되자 이정기李正己가 또 제齊·노魯의 땅에 웅거하였다. 이윽고 이들은 서로 아교처럼 굳게 단결하고 혼인 관계를 맺었으며, 당 나라 조정에 공물貢物을 바치지 않았고 당 나라의 법령을 쓰지 않는 것을 대체로 보통으로 여겼다. 인하여 모두 그 자식을 임명하여 부대사副大使로 삼아 아버

---

10 액정掖庭: 궁중의 관서 이름. 후궁·귀인·채녀采女 등의 일을 관장하였음.

지가 죽으면 자식이 지위에 올랐다. 안녹산安祿山과 사사명史思明 이후로 정
원貞元에 이르기까지 조정에서는 관대하게 용납함에 힘쓰는 일이 많아서 매
번 제멋대로 계승했다는 소리를 들을 때마다 인하여 벼슬을 주었으니, 이런
까닭에 60여 년 동안 양하兩河에서는 '반역하는 풍속'이라고 불렀다. 헌종憲
宗은 사람의 됨됨이를 잘 알아보고 맡기기를 잘하여 어지러웠던 자취를 평정
하니, 양하兩河가 다시 천자의 영토가 되었다. 이사도李師道의 처 위씨魏氏는
원화元和 15년(820)에 출가하여 비구니가 되었다. (『구당서』권 124)

하나. 朱蒙

　　東明聖王, 姓高氏, 諱朱蒙(一云'鄒牟', 一云'象解'['象解', 恐當作'衆牟']). 先是, 扶餘王解夫婁, 老無子, 祭山川求嗣, 其所御馬至鯤淵, 見大石, 相對流淚, 王怪之, 使人轉其石, 有小兒, 金色蛙形('蛙', 一作'蝸'), 王喜曰 : "此乃天賚我令胤乎!" 乃收而養之, 名曰金蛙. 及其長, 立爲太子. 後其相 阿蘭弗曰 : "日者天降我, 曰 : '將使吾子孫立國於此, 汝其避之. 東海之濱 有地, 號曰迦葉原, 土壤膏腴, 宜五穀, 可都也.'" 阿蘭弗遂勸王, 移都於彼, 國號東扶餘. 其舊都, 有人不知所從來, 自稱天帝子解慕漱, 來都焉. 及解夫婁薨, 金蛙嗣位. 於是時, 得女子於太白山南優渤水, 問之, 曰 : "我是河伯之 女, 名柳花, 與諸弟出遊, 時有一男子, 自言天帝子解慕漱, 誘我於熊心山下 ('心', 『遺事』作'神')鴨綠邊, 室中私之, 卽往不返, 父母責我無媒而從人, 遂謫居優渤水." 金蛙異之, 幽閉於室中, 爲日所炤, 引身避之, 日影又逐而 炤之, 因而有孕, 生一卵, 大如五升許. 王棄之, 與犬豕, 皆不食; 又棄之路 中, 牛馬避之; 後棄之野, 鳥覆翼之; 王欲剖之, 不能破, 遂還其母, 以物褢 之, 置於暖處, 有一男兒破殼而出, 骨表英奇. 年甫七歲, 嶷然異常, 自作弓 矢, 射之百發百中, 扶餘俗語, 善射爲朱蒙, 故以名云.

　　金蛙有七子, 常與朱蒙遊戱, 其伎能皆不及朱蒙, 其長子帶素言於王曰 : "朱蒙非人所生, 其爲人也勇, 若不早圖, 恐有後患, 請除之." 王不聽, 使之 養馬, 朱蒙知其駿者, 而減食令瘦, 駑者善養令肥, 王以肥者自乘, 瘦者給朱 蒙. 後獵于野, 以朱蒙善射, 與其矢小, 而朱蒙殪獸甚多, 王子及諸臣, 又謀 殺之, 朱蒙母陰知之, 告曰 : "國人將害汝, 以汝才略, 何往而不可. 與其遲留

而受辱, 不若遠適以有爲." 朱蒙乃與烏伊·摩離·陜父等三人爲友('烏',
下文及『遺事』並作'烏'), 行至淹㴲水(一名蓋斯水, 在今鴨綠東北), 欲渡無
梁, 恐爲追兵所迫, 告水曰："我是天帝子·河伯外孫, 今日逃走, 追者垂及,
如何?"於是, 魚鼈浮出成橋, 朱蒙得渡, 魚鼈乃解, 追騎不得渡. 朱蒙行至
毛屯谷(『魏書』云'至晋述水'['晋', 當作'普']), 遇三人, 其一人着麻衣, 一人
着衲衣, 一人着水藻衣, 朱蒙問曰："予等何許人也? 何姓何名乎?"麻衣者
曰："名再思", 衲衣者曰："名武骨", 水藻衣者曰："名默居", 而不言姓,
朱蒙賜再思姓克氏, 武骨仲室氏, 默居少室氏, 乃告於衆曰："我方承景命,
欲啓元基, 而適遇此三賢, 豈非天賜乎!", 遂揆其能, 各任以事, 與之俱至卒
本川(『魏書』云'至紇升骨成'), 觀其土壤肥美, 山河險固, 遂欲都焉, 而未遑
作宮室, 但結廬於沸流水上, 居之, 國號高句麗, 因以高爲氏(一云："朱蒙至
卒本扶餘, 王無子, 見朱蒙, 知非常人, 以其女妻之, 王薨, 朱蒙嗣位."). 時朱
蒙年二十二歲, 是漢孝元帝建昭二年, 新羅始祖赫居世二十一年甲申歲也.
四方聞之, 來附者衆. 其地連靺鞨部落, 恐侵盜爲害, 遂攘斥之, 靺鞨畏服,
不敢犯焉. 王見沸流水中有菜葉逐流下, 知有人在上流者, 因以獵往尋, 至
沸流國, 其國王松讓出見曰："寡人僻在海隅, 未嘗得見君子, 今日邂逅相
遇, 不亦幸乎! 然不識吾子自何而來."答曰："我是天帝子, 來都於某所."
松讓曰："我累世爲王, 地小不足容兩主, 君立都日淺, 爲我附庸, 可乎?"
王忿其言, 因與之鬪辯, 亦相射以校藝, 松讓不能抗.

　　二年, 夏六月, 松讓以國來降, 以其地爲多勿都, 封松讓爲主, 麗語謂復
舊土爲多勿, 故以名焉.

(『三國史記』卷 13)

■ **참고자료** ─李奎報,「東明王篇」

「東明王篇」幷序

　世多說東明王神異之事, 雖愚夫騃婦, 亦頗能說其事. 僕嘗聞之, 笑曰 ：
"先師仲尼, 不語怪力亂神. 此實荒唐奇詭之事, 非吾曹所說." 及讀『魏書
』・『通典』, 亦載其事, 然略而未詳, 豈詳內略外之意耶. 越癸丑四月, 得『舊
三國史』, 見「東明王本紀」, 其神異之迹, 踰世之所說者, 然亦初不能信之,
意以爲鬼幻, 及三復耽味, 漸涉其源, 非幻也, 乃聖也; 非鬼也, 乃神也, 況國
史直筆之書, 豈妄傳之哉. 金公富軾重撰國史, 頗略其事, 意者公以爲國史
矯世之書, 不可以大異之事爲示於後世而略之耶. 按『唐』「玄宗本紀」・「楊
貴妃傳」, 並無方士升天入地之事, 唯詩人白樂天恐其事淪沒, 作歌以志之,
彼實荒淫奇誕之事, 猶且詠之以示于後, 矧東明之事, 非以變化神異眩惑衆
目, 乃實創國之神迹, 則此而不述, 後將何觀. 是用作詩以記之, 欲使夫天下
知我國本聖人之都耳.

　　　元氣判洷渾, 天皇地皇氏.
　　　十三十一頭, 體貌多奇異.
　　　其餘聖帝王, 亦備載經史.
　　　女節感大星, 乃生大昊摯.
　　　女樞生顓頊, 亦感瑤光暐.
　　　伏羲制牲犧, 燧人始鑽燧.
　　　生旲高帝祥, 雨粟神農瑞.
　　　靑天女媧補, 洪水大禹理.
　　　黃帝將升天, 胡髥龍自至.
　　　太古淳朴時, 靈聖難備記.

後世漸澆漓, 風俗例汰侈.

聖人間或生, 神迹少所示.

漢神雀三年, 孟夏斗立巳.[1]

海東解慕漱, 眞是天之子.[2]

初從空中下, 身乘五龍軌.

從者百餘人, 騎鵠紛襂褷.

淸樂動鏘洋, 彩雲浮旖旎.[3]

自古受命君, 何是非天賜.

白日下靑冥, 從昔所未視.

朝居人世中, 暮反天宮裡.[4]

吾聞於古人, 蒼穹之去地.

二億萬八千, 七百八十里.

梯棧躡難升, 羽翮飛易瘁.

朝夕恣升降, 此理復何爾.

城北有靑河,[5] 河伯三女美.[6]

擘出鴨頭波, 往遊熊心涘.[7]

---

1 漢神雀三年四月甲寅.

2 『本紀』云 : "夫余王解夫婁, 老無子, 祭山川求嗣, 所御馬至鯤淵, 見大石流淚, 王怪之, 使人轉其
石, 有小兒金色蛙形, 王曰 : '此天錫我令胤乎!' 乃收養之, 名曰金蛙, 立爲太子. 其相阿蘭弗曰
: '日者天降我曰 :「將使吾子孫, 立國於此, 汝其避之, 東海之濱有地, 號迦葉原, 土宜五穀, 可都
也.」' 阿蘭弗勸王移都, 號東夫余. 於舊都, 解慕漱爲天帝子來都.

3 漢神雀三年壬戌歲. 天帝遣太子降遊扶余王古都, 號解慕漱, 從天而.下, 乘五龍車, 從者百餘人,
皆騎白鵠, 彩雲浮於上, 音樂動雲中, 止熊心山, 經十餘日始下, 首戴烏羽之冠, 腰帶龍光之劍.

4 朝則聽事, 暮卽升天, 世謂之天王郞.

5 靑河今鴨綠江也.

6 長曰柳花, 次曰萱花, 季曰葦花.

7 自靑河出遊熊心淵上.

鏘琅佩玉鳴, 綽約顏花媚.

初疑漢皐濱, 復想洛水沚.

王因出獵見, 目送頗留意.

玆非悅紛華, 誠急生繼嗣.[8]

三女見君來, 入水尋相避.

擬將作宮殿, 潛候同來戲.

馬撾一畫地, 銅室欻然峙.

錦席鋪絢明, 金罇置淳旨.

蹁躚果自入, 對酌還徑醉.[9]

王時出橫遮, 驚走僅顚躓.[10]

長女曰柳花, 是爲王所止.

河伯大怒嗔, 遣使急且駛.

告云渠何人, 乃敢放輕肆.

報云天帝子, 高族請相累.

指天降龍馭, 徑到海宮邃.[11]

河伯乃謂王, 婚姻是大事.

媒贄有通法, 胡奈得自恣.[12]

---

8 王謂左右曰 : "得而爲妃, 可有後亂."

9 其女見王卽入水, 左右曰 : "大王何不作宮殿, 俟女入室, 當戶遮之." 工以爲然, 以馬鞭畫地, 銅室俄成壯麗, 於室中設三席置樽酒, 其女各坐其席, 相勸飮酒大醉云云.

10 王俟三女大醉急出, 遮女等驚走, 長女柳花, 爲王所止.

11 河伯大怒, 遣使告曰 : "汝是何人, 留我女乎?" 王報云 : "我是天帝之子, 今欲與河伯結婚." 河伯又使告曰 : "汝若天帝之子, 於我有求昏者, 當使媒云云, 今輒留我女, 何其失禮." 王慙之, 將往見河伯, 不能入室, 欲放其女, 女旣與王定情, 不肯離去, 乃勸王曰 : "如有龍車, 可到河伯之國." 王指天而告, 俄而五龍車從空而下, 王與女乘車, 風雲忽起, 至其宮.

12 河伯備禮迎之, 坐定, 謂曰 : "婚姻之道, 天下之通規, 何爲失禮, 辱我門宗云云."

君是上帝胤, 神變請可試.

漣漪碧波中, 河伯化作鯉.

王尋變爲獺, 立捕不待跬.

又復生兩翼, 翩然化爲雉.

王又化神鷹, 搏擊何大鷙.

彼爲鹿而走, 我爲豺而趡.

河伯知有神, 置酒相燕喜.

伺醉載革輿, 幷置女於輢.[13]

意令與其女, 天上同騰轡.

其車未出水, 酒醒忽驚起.[14]

取女黃金釵, 刺革從竅出.

獨乘赤霄上, 寂寞不迴騎.[15]

河伯責厥女, 挽吻三尺弛.

乃貶優渤中, 唯與婢僕二.[16]

漁師觀波中, 奇獸行駤騄.

乃告王金蛙, 鐵網投溪溪.

引得坐石女, 姿貌甚堪畏.

脣長不能言, 三截乃啓齒.[17]

---

13 車傍曰輢

14 河伯之酒, 七日乃醒.

15 河伯曰：“王是天帝之子, 有何神異?” 王曰：“唯在所試.” 於是, 河伯於庭前水, 化爲鯉, 隨浪而遊, 王化爲獺而捕之. 河伯又化爲鹿而走, 王化爲豺逐之, 河伯化爲雉, 王化爲鷹擊之, 河伯以爲誠是天帝之子, 以禮成婚, 恐王無將女之心, 張樂置酒, 勸王大醉, 與女入於小革輿中, 載以龍車, 欲令升天, 其車未出水, 王卽酒醒, 取女黃金釵, 刺革輿, 從孔獨出升天.

16 河伯大怒其女, 曰：“汝不從我訓, 終欲我門.” 令左右絞挽女口, 其脣吻長三尺, 唯與奴婢二人, 貶於優渤水中. 優渤, 澤名, 今在太伯山南.

王知慕漱妃, 仍以別宮置.

懷日生朱蒙, 是歲歲在癸.

骨表諒最奇, 啼聲亦甚偉.

初生卵如升, 觀者皆驚悸.

王以爲不祥, 此豈人之類.

置之馬牧中, 群馬皆不履.

棄之深山中, 百獸皆擁衛.[18]

母姑擧而養, 經月言語始.

自言蠅嘈目, 臥不能安睡.

母爲作弓矢, 其弓不虛掎.[19]

年至漸長大, 才能日漸備.

扶余王太子, 其心生妒忌.

乃言朱蒙者, 此必非常士.

若不早自圖, 其患誠未已.[20]

王令往牧馬, 欲以試厥志.

自思天之孫, 厮牧良可恥.

---

17 漁師强力扶鄒告曰: "近有盜梁中魚而將去者, 未知何獸也." 王乃使魚師以網引之, 其網破裂, 更造鐵網引之, 始得　女, 坐石而出, 其女脣長不能言, 令三截其脣, 乃言.

18 于知天帝子妃, 以別宮置之, 其女懷中日曜, 因以有娠, 神雀四年癸亥歲夏四月生朱蒙, 啼聲甚偉, 骨表英奇. 初生左腋生一卵, 大如五升許, 王怪之曰: "人生鳥卵, 叮爲不祥." 使人置之馬牧, 羣馬不踐, 棄於深山, 百獸皆護, 雲陰之日, 卵上恒有日光, 王取卵送母養之, 卵終乃開得一男, 生未經月, 言語並實.

19 謂母曰: "羣蠅嘈目, 不能睡, 母爲我作弓矢." 其母以蓽作弓矢與之, 自射紡車上蠅, 發矢卽中. 扶余謂善射, 曰朱蒙.

20 年至長大, 才能並備. 金蛙有子七人, 常共朱蒙遊獵, 王子及從者四十餘人, 唯獲一鹿, 朱蒙射鹿至多, 王子妒之, 乃執朱蒙縛樹, 奪鹿而去, 朱蒙拔樹而去. 太子帶素言於王曰: "朱蒙者, 神勇之士, 瞻視非常, 若不早圖, 必有後患."

捫心常竊導, 吾生不如死.

意將往南土, 立國立城市.

爲緣慈母在, 離別誠未易.[21]

其母聞此言, 潸然扷淸淚.

汝幸勿爲念, 我亦常痛痞.

士之涉長途, 須必憑駿駬.

相將往馬閑, 卽以長鞭捶.

羣馬皆突走, 一馬騂色斐.

跳過二丈欄, 始覺是駿驥.[22]

潛以針刺舌, 酸痛不受飼.

不日形甚瘰, 却與駑駘似,.

爾後王巡觀, 予馬此卽是.

得之始抽針, 日夜屢加餧.[23]

暗結三賢友, 其人共多智.[24]

南行至淹滯,[25] 欲渡無舟艤.[26]

秉策指彼蒼, 慨然發長喟.

天孫河伯甥, 避難至於此.

---

21 王使朱蒙牧馬, 欲試其意, 朱蒙內自懷恨, 謂母曰："我是天帝之孫, 爲人牧馬, 生不如死, 欲往南土造國家, 母在不敢自專." 其母云云.

22 『通典』云："朱蒙所乘, 皆果下也."

23 其母曰："此吾之所以日夜腐心也. 吾聞士之涉長途者, 須憑駿足, 吾能擇馬矣." 遂往馬牧, 卽以長鞭亂捶, 羣馬皆驚走, 一騂馬跳過二丈之欄, 朱蒙知馬駿逸, 潛以針捶馬舌根, 其馬舌痛, 不食水草, 甚瘦悴, 王巡行馬牧, 見羣馬悉肥, 大喜, 仍以瘦錫朱蒙, 朱蒙得之, 拔其針加餧云.

24 烏伊, 摩離, 陜父等三人.

25 一名盖斯水, 在今鴨綠東北.

26 欲渡無舟, 恐追兵奄及, 廼以策指天, 慨然嘆曰："我天帝之孫, 河伯之甥, 今避難至此, 皇天后土, 憐我孤子, 速致舟橋." 言訖, 以弓打水, 魚鼈浮出成橋, 朱蒙乃得渡, 良久追兵至.

哀哀孤子心, 天地其忍棄.

操弓打河水, 魚鼈騈首尾.

屹然成橋梯, 始乃得渡矣.

俄爾追兵至, 上橋橋旋坼.[27]

雙鳩含麥飛, 來作神母使.[28]

形勝開王都, 山川鬱嵂崒.

自坐茀菆上, 略定君臣位.[29]

咄哉沸流王, 何奈不自揆.

苦矜仙人後, 未識帝孫貴.

徒欲爲附庸, 出語不愼葸.

未中畫鹿臍, 驚我倒玉指.[30]

來觀鼓角變, 不敢稱我器.[31]

來觀屋柱故, 咋舌還自愧.[32]

---

27 追兵至河, 魚鼈橋卽滅, 已上橋者, 皆沒死

28 朱蒙臨別, 不忍睽違, 其母曰: "汝勿以一母爲念." 乃裹五穀種以送之, 朱蒙自切生別之心, 忘其麥子. 朱蒙息大樹之下, 有雙鳩來集, 朱蒙曰: "應是神母使送麥子." 乃引弓射之, 一矢俱擧, 開喉得麥子, 以水噴鳩, 更蘇而飛去云云.

29 王自坐茀菆之上, 客定君臣之位.

30 沸流王松讓出獵, 見王容貌非常, 引而與坐曰: "僻在海隅, 未曾得見君子, 今日邂逅, 何其幸乎! 君是何人, 從何而至?" 王曰 : "寡人, 天帝之孫, 西國之王也. 敢問君王繼誰之後?" 讓曰 : "予是仙人之後, 累世爲王, 今地方至小, 不可分爲兩王, 君造國日淺, 爲我附庸可乎?" 王曰 : "寡人, 繼天之後, 今主非神之冑, 强號爲王, 若不歸我, 天必殛之." 松讓以王累稱天孫, 內自懷疑, 欲試其才, 乃曰: "願與王射矣." 以畵鹿置百步內射之, 其矢不入鹿臍, 猶如倒手, 王使人以玉指環懸於百步之外, 射之, 破如瓦解, 松讓大驚云云.

31 王曰 : "以國業新造, 未有鼓角威儀, 沸流使者往來, 我不能以王禮迎送, 所以輕我也." 從臣扶芬奴進曰 : "臣爲大王取沸流鼓角." 王曰 : "他國藏物, 汝何取乎?" 對曰 : "此天之與物, 何爲不取乎. 夫大王困於扶余, 誰謂大王能至於此. 今大王奮身於萬死之危, 揚名於遼左, 此天帝命而爲之, 何事不成." 於是, 扶芬奴等三人, 往沸流, 取鼓而來. 沸流王遣使告曰云云, 王恐來觀鼓角, 色暗如故, 松讓不敢爭而去.

東明西狩時, 偶獲雪色麂.[33]

倒懸蟹原上, 敢自呪而謂.

天不雨沸流, 漂沒其都鄙.

我固不汝放, 汝可助我憤.

鹿鳴聲甚哀, 上徹天之耳.

霖雨注七日, 霈若傾淮泗.

松讓甚憂懼, 沿流謾橫葦.

士民競來攀, 流汗相眄眙.

東明卽以鞭, 畫水水停沸.

松讓擧國降, 是後莫予訾.[34]

玄雲羃鶻嶺, 不見山邐迤.

有人數千許, 斲木聲髣髴.

王曰天爲我, 築城於其趾.

忽然雲霧散, 宮闕高嵬嵬.[35]

在位十九年, 升天不下莅.[36]

俶儻有奇節, 元子曰類利.

得劒繼父位, 塞盆止人詈.[37]

---

32 松讓欲以立都先後, 爲附庸, 王造宮室, 以朽木爲柱, 故如千歲, 松讓來見, 竟不敢爭立都先後.

33 大鹿曰麂.

34 西狩獲白鹿, 倒懸於蟹原, 呪曰："天若不雨而漂沒沸流王都者, 我固不汝放矣. 欲免斯難, 汝能訴天." 其鹿哀鳴, 聲徹于天, 霖雨七日, 漂沒松讓都, 王以葦索橫流, 乘鴨馬, 百姓皆執其索, 朱蒙以鞭畫水, 水卽減. 六月松讓擧國來降云云.

35 七月, 玄雲起鶻嶺, 人不見其山, 唯聞數千人聲以起土功, 王曰："天爲我築城." 七日, 雲霧自散, 城郭宮臺自然成, 王拜皇天就居.

36 秋九月, 王升天不下, 時年四十, 太子以所遺玉鞭, 葬於龍山云云.

37 類利少有奇節云云. 少以彈雀爲業, 見一婦戴水盆, 彈破之, 其女怒而詈曰："無父之兒! 彈破我盆." 類利大慙, 以泥丸彈之, 塞盆孔如故, 歸家問母曰："我父是誰?" 母以類利年少, 戲之曰我性本質木, 性不喜奇詭.

初看東明事, 疑幻又疑鬼.

徐徐漸相涉, 變化難擬議.

況是直筆文, 一字無虛字.

神哉又神哉, 萬世之所韙.

因思草創君, 非聖卽何以.

劉媼息大澤, 遇神於夢寐.

雷電塞晦暝, 蛟龍盤怪傀.

因之卽有娠, 乃生聖劉季.

是惟赤帝子, 其興多殊祚.

世祖始生時, 滿室光炳煒.

自應赤伏符, 掃除黃巾僞.

自古帝王興, 徵瑞紛蔚蔚.

未嗣多怠荒, 共絶先王祀.

乃知守成君, 集蓼戒小毖.

守位以寬仁, 化民由禮義.

永永傳子孫, 御國多年紀.

(『東國李相國集』 卷3)

: "汝無定父." 類利泣曰: "人無定父, 將何面目見人乎." 遂欲自刎, 母大驚止之曰: "前言戲耳, 汝父是天帝孫·河伯甥, 怨爲扶餘之臣, 逃往南土, 始造國家, 汝往見之乎?" 對曰: "父爲人君, 子爲人臣, 吾雖不才, 豈不愧乎." 母曰: "汝父去時有遺言, '吾有藏物七嶺七谷石上之松, 能得 此者, 乃我之子也.'" 類利自往山谷, 搜求不得, 疲倦而還. 類利聞堂柱有悲聲, 其柱乃石上之松 木, 體有七稜. 類利自解之曰: "七嶺七谷者, 七稜也; 石上松者, 柱也." 起而就視之, 柱上有孔, 得毁劒一片, 大喜. 前漢鴻嘉四年夏四月, 奔高句麗, 以劒一片, 奉之於王. 王出所有毁劒一片合 之, 血出連爲一劒. 王謂類利曰: "汝實我子, 有何神聖乎?" 類利應聲, 擧身聳空, 乘牖中日, 示 其神聖之異. 王大悅, 立爲太子.

들. 類利

琉璃明王, 諱類利, 或云孺留, 朱蒙元子, 母禮氏. 初朱蒙在扶餘, 娶禮氏, 女有娠, 朱蒙歸後乃生, 是爲類利. 幼年出遊陌上彈雀, 誤破汲水婦人瓦器, 婦人罵曰: "此兒無父, 故頑如此." 類利慙歸, 問母氏 : "我父何人, 今在何處?" 母曰: "汝父非常人也, 不見容於國, 逃歸南地, 開國稱王. 歸時謂予曰: '汝若生男子, 則言我有遺物, 藏在七稜石上松下, 若能得此者, 乃吾子也.'" 類利聞之, 乃往山谷, 索之不得, 倦而還. 一旦在堂上, 聞柱礎間若有聲, 就而見之, 礎石有七稜, 乃搜於柱下, 得斷劍一段, 遂持之, 與屋智 · 句鄒 · 都祖等三人, 行至卒本. 見父王, 以斷劍奉之, 王出己所有斷劍合之, 連爲一劍, 王悅之, 立爲太子, 至是繼位. 二年, 秋七月, 納多勿侯松讓之女爲妃. 九月, 西狩獲白獐. 冬十月, 神雀集王庭, 百濟始祖溫祚立. 三年, 秋七月, 作離宮於鶻川. 冬十月, 王妃松氏薨, 王更娶二女以繼室, 一曰禾姬, 鶻川人之女也; 一曰雉姬, 漢人之女也, 二女爭寵, 不相和, 王於凉谷, 造東西二宮, 各置之. 後王田於箕山, 七日不返, 二女爭鬪, 禾姬罵雉姬曰 : "汝漢家婢妾, 何無禮之甚乎." 雉姬慙恨亡歸. 王聞之, 策馬追之, 雉姬怒不還. 王嘗息樹下, 見黃鳥飛集, 乃感而歌曰: "翩翩黃鳥, 雌雄相依. 念我之獨, 誰其與歸."

(『三國史記』卷 13)

셋. 扶芬奴

琉璃王十一年, 夏四月, 王謂群臣曰："鮮卑恃險, 不我和親, 利則出抄, 不利則入守, 爲國之患, 若有人能折此者, 我將重賞之." 扶芬奴進曰："鮮卑, 險固之國, 人勇而愚, 難以力鬪, 易以謀屈." 王曰："然則爲之奈何？" 答曰："宜使人反間入彼, 僞說我國小而兵弱, 怯而難動, 則鮮卑必易我, 不爲之備. 臣俟其隙, 率精兵從間路, 依山林以望其城, 王使以羸兵, 出其城南, 彼必空城而遠追之, 臣以精兵, 走入其城, 王親率勇騎挾擊之, 則可克矣." 王從之, 鮮卑果開門出兵追之. 扶芬奴將兵走入其城, 鮮卑望之, 大驚還奔, 扶芬奴當關拒戰, 斬殺甚多, 王擧旗鳴鼓而前, 鮮卑首尾受敵, 計窮力屈, 降爲屬國. 王念扶芬奴功, 賞以食邑, 辭曰："此, 王之德也, 臣何功焉." 遂不受, 王乃賜黃金三十斤·良馬一十匹.

(『三國史記』 卷 13)

넷. 解明

　琉璃王二十七年, 春正月, 王太子解明在古都, 有力而好勇, 黃龍國王聞之, 遣使以强弓爲贈, 解明對其使者, 挽而折之曰 : "非予有力, 弓自不勁耳." 黃龍王慙. 王聞之, 怒, 告黃龍曰 : "解明爲子不孝, 請爲寡人誅之." 三月, 黃龍王遣使, 請太子相見, 太子欲行, 人有諫者曰 : "今隣國無故請見, 其意不可測也."('測', 舊本作'則', 是訛也), 太子曰 : "天之不欲殺我, 黃龍王其如我何." 遂行, 黃龍王始謀殺之, 及見不敢加害, 禮送之. 二十八年, 春三月, 王遣人謂解明曰 : "吾遷都, 欲安民以固邦業, 汝不我隨, 而恃剛力, 結怨於隣國, 爲子之道, 其若是乎." 乃賜劍使自裁, 太子卽欲自殺, 或止之曰 : "大王長子已卒, 太子正當爲後, 今使者一至而自殺, 安知其非詐乎." 太子曰 : "嚮黃龍王, 以强弓遺之, 我恐其輕我國家, 故挽折而報之, 不意, 見責於父王, 今父王以我爲不孝, 賜劍自裁, 父之命其可逃乎." 乃往礪津東原, 以槍揷地, 走馬觸之而死, 時年二十一歲, 以太子禮, 葬於東原, 立廟, 號其地爲槍原.

(『三國史記』卷 13)

다섯. 怪由

大武神王四年, 冬十二月, 王出師伐扶餘, 次沸流水上, 望見水涯, 若有女人
昪鼎游戲, 就見之, 只有鼎, 使之炊, 不待火自熱, 因得作食飽一軍, 忽有一壯夫
曰:"是鼎, 吾家物也, 我妹失之, 王今得之, 請負以從."遂賜姓負鼎氏. 抵利勿
林宿('利', 『地理志』作'理'), 夜聞金聲, 向明使人尋之, 得金璽兵物等, 曰:
"天賜也."拜受之. 上道, 有一人身長九尺許, 面白而目有光, 拜王曰:"臣是北
溟人怪由, 竊聞大王北伐扶餘, 臣請從行, 取扶餘王頭."王悅許之. 又有人, 曰
:"臣赤谷人麻盧, 請以長矛爲導."王又許之.

五年, 春二月, 王進軍於扶餘國南, 其地多泥塗, 王使擇平地爲營, 解鞍休
卒, 無恐懼之態. 扶餘王擧國出戰, 欲掩其不備, 策馬以前, 陷濘不能進退.
王於是揮怪由, 怪由拔劍, 號吼擊之, 萬軍披靡不能支, 直進, 執扶餘王斬頭.
扶餘人旣失其王, 氣力摧折, 而猶不自屈, 圍數重. 王以糧盡士饑, 憂懼不知
所爲, 乃乞靈於天, 忽大霧, 咫尺不辨人物七日, 王令作草偶人, 執兵, 立營內
外爲疑兵('疑', 與'擬'通), 從間道潛軍夜出, 失骨句川神馬・沸流源大鼎, 至
利勿林, 兵飢不興, 得野獸以給食. 王旣至國, 乃會群臣飮至曰:"孤以不德,
輕伐扶餘, 雖殺其王, 未滅其國, 而又多失我軍資, 此孤之過也."遂親弔死問
疾, 以存慰百姓, 是以, 國人感王德義, 皆許殺身於國事矣.

三月, 神馬駏驤, 將扶餘馬百匹, 俱至鶴盤嶺下車廻谷. 夏四月, 扶餘王
帶素弟, 至曷思水濱, 立國稱王, 是扶餘王金蛙季子, 史失其名, 初帶素之見
殺也, 知國之將亡, 與從者百餘人, 至鴨淥谷, 見海頭王出獵, 遂殺之, 取其
百姓, 至此始都, 是爲曷思王. 秋七月, 扶餘王從弟謂國人曰:"我先王身亡

國滅, 民無所依, 王弟逃竄, 都於曷思, 吾亦不肖, 無以興復." 乃與萬餘人來
投, 王封爲王, 安置掾那部, 以其背有絡文, 賜姓絡氏.

　　冬十月, 怪由卒. 初疾革, 王親臨存問, 怪由言 : "臣北溟微賤之人, 屢蒙
厚恩, 雖死猶生, 不敢忘報." 王善其言, 又以有大功勞, 葬於北溟山陽, 命有
司以時祀之.

(『三國史記』卷14)

여섯. 乙豆智

(大武神王)十一年秋七月, 漢遼東太守將兵來伐. 王會群臣, 問戰守之計. 右輔松屋句曰 : "臣聞恃德者昌, 恃力者亡. 今中國荒儉, 盜賊蜂起, 而兵出無名, 此非君臣定策, 必是邊將規利, 擅侵吾邦. 逆天違人, 師必無功, 憑險出奇, 破之必矣." 左輔乙豆智曰 : "小敵之强, 大敵之禽也. 臣度大王之兵, 孰與漢兵之多, 可以謀伐, 不可力勝." 王曰 : "謀伐若何?" 對曰 : "今漢兵遠鬪, 其鋒不可當也. 大王閉城自固, 待其師老, 出而擊之, 可也." 王然之, 入尉那巖城, 固守數旬, 漢兵圍不解. 王以力盡兵疲, 謂豆智曰 : "勢不能守, 爲之奈何?" 豆智曰 : "漢人謂我巖石之地, 無水泉, 是以長圍, 以待吾人之困. 宜取池中鯉魚, 包以水草, 兼旨酒若干, 致犒漢軍." 王從之, 貽書曰 : "寡人愚昧, 獲罪於上國, 致令將軍帥百萬之軍, 暴露弊境. 無以將厚意, 輒用薄物, 致供於左右." 於是, 漢將謂城內有水, 不可猝拔. 乃報曰 : "我皇帝不以臣駑, 下令出師, 問大王之罪. 及境踰旬, 未得要領, 今聞來旨, 言順且恭, 敢不藉口以報皇帝." 遂引退.

(『三國史記』卷 14)

일곱. 鄒敎素

大武神王十五年, 春三月, 黜大臣仇都·逸苟·焚求等三人爲庶人. 此三人爲沸流部長, 資貪鄙, 奪人妻妾·牛馬·財貨, 恣其所欲('恣', 舊本作'忽', 訛刻也), 有不與者, 卽鞭之, 人皆忿怨. 王聞之, 欲殺之, 以東明舊臣, 不忍致極法, 黜退而已, 遂使南部使者鄒敎素, 代爲部長. 敎素旣上任, 別作大室以處, 以仇都等罪人, 不令升堂, 仇都等詣前, 告曰 : "吾儕小人, 故犯王法, 不勝愧悔, 願公赦過, 以令自新, 則死無恨矣." 敎素引上之, 共坐曰 : "人不能無過, 過而能改, 則善莫大焉." 乃與之爲友, 仇都等感愧, 不復爲惡. 王聞之曰 : "敎素不用威嚴, 能以智懲惡, 可謂能矣." 賜姓, 曰'大室氏'.

(『三國史記』 卷 14)

 여덟. 好童

(大武神王十五年)夏四月, 樂浪降. 先是, 王子好童, 遊於沃沮, 樂浪王崔理, 出行因見之, 問曰 : "觀君顏色, 非常人, 豈非北國神王之子乎?" 遂同歸, 以女妻之. 後好童還國, 潛遣人, 告崔氏女曰 : "若能入而國武庫, 割破鼓角, 則我以禮迎, 不然則否." 先是, 樂浪有鼓角, 若有敵兵則自鳴, 故令破之. 於是, 崔女將利刀, 潛入庫中, 割鼓面角口, 以報好童, 好童勸王, 襲樂浪. 崔理以鼓角不鳴不備, 我兵掩至城下, 然後知鼓角皆破, 遂殺女子, 出降.(或云 : "欲滅樂浪, 遂請婚娶其女, 爲子妻, 後使歸本國, 壞其兵物.") 冬十一月, 王子好童自殺. 好童, 王之次妃曷思王孫女所生也, 顏容美麗, 王甚愛之, 故名好童. 元妃恐奪嫡爲太子, 乃讒於王曰 : "好童不以禮待妾, 殆欲亂乎." 王曰 : "若以他兒, 憎疾乎." 妃知王不信, 恐禍將及, 乃涕泣而告曰 : "請大王密候, 若無此事, 妾自伏罪." 於是, 大王不能不疑, 將罪之, 或謂好童曰 : "子何不自釋乎?" 答曰 : "我若釋之, 是顯母之惡, 貽王之憂, 可謂孝乎." 乃伏劍而死.

論曰 : "今王信讒言, 殺無辜之愛子, 其不仁, 不足道矣, 而好童不得無罪, 何則? 子之見責於其父也, 宜若舜之於瞽瞍, 小杖則受, 大杖則走, 期不陷父於不義. 好童不知出於此, 而死非其所, 可謂執於小謹, 而昧於大義, 其公子申生之譬耶."

(『三國史記』 卷 14)

 아홉. 杜魯

慕本王, 諱解憂(一云解愛婁), 大武神王元子, 閔中王薨, 繼而卽位, 爲人暴戾不仁, 不恤國事, 百姓怨之. 元年秋八月, 大水, 山崩二十餘所. 冬十月, 立王子翊, 爲王太子. 二年春, 遣將襲漢北平·漁陽·上谷·太原, 而遼東太守蔡彤('蔡', 『後漢書』作'祭', 當從『漢書』), 以恩信待之, 乃復和親. 三月, 暴風拔樹. 夏四月, 殞霜雨雹. 秋八月, 發使賑恤國內饑民.

四年, 王日增暴虐, 居常坐人, 臥則枕人, 人或動搖, 殺無赦, 臣有諫者, 彎弓射之. 六年冬十一月, 杜魯弑其君. 杜魯, 慕本人, 侍王左右, 慮其見殺, 乃哭, 或曰: "大丈夫何哭爲? 古人曰: '撫我則后, 虐我則讎.' 今王, 行虐以殺人, 百姓之讎也, 爾其圖之." 杜魯藏刀, 以進王前, 王引而坐, 於是, 拔刀害之, 遂葬於慕本原, 號爲慕本王.

(『三國史記』卷 14)

 열. 高福章

(太祖大王)九十四年秋七月, 遂成獵於倭山之下, 謂左右曰 : "大王老而
不死, 吾齒卽將暮矣, 不可待也, 惟願左右爲我計之." 左右皆曰 : "敬從命
矣." 於是, 一人獨進曰 : "向王子有不祥之言, 而左右不能直諫, 皆曰敬從命
者, 可謂姦且諛矣. 吾欲直言, 未知尊意如何?" 遂成曰 : "子能直言, 藥石也,
何疑之有." 其人對曰 : "今大王之賢, 內外無異心, 子雖有功, 率群下姦諛之
人, 謀廢明上, 此何異將以單縷繫萬鈞之重而倒曳乎. 雖復愚人, 猶知其不
可也. 若王子改圖易慮, 孝順事上, 則大王深知王子之善, 必有揖讓之心; 不
然, 則禍將及也." 遂成不悅, 左右妬其直, 讒於遂成曰 : "王子, 以大王年老,
恐國祚之危, 欲爲後圖, 此人妄言如此, 我等惟恐漏洩, 以致患也, 宜殺以滅
口." 遂成從之. 秋八月, 王遣將, 襲漢遼東西安平縣, 殺帶方令, 掠得樂浪太
守妻子. 冬十月, 右輔高福章, 言於王曰 : "遂成將叛, 請先誅之." 王曰 :
"吾旣老矣, 遂成有功於國, 吾將禪位, 子無煩慮." 福章曰 : "遂成之爲人也,
忍而不仁, 今日受大王之禪, 則明日害大王之子孫. 大王但知施惠於不仁之
弟, 不知貽患於無辜之子孫, 願大王熟計之." 十二月, 王謂遂成曰 : "吾旣
老, 倦於萬機, 天之曆數, 在汝躬, 況汝內參國政, 外摠軍事, 久有社稷之功,
充塞臣民之望, 吾所付託, 可謂得人, 作其卽位('作', 恐或'汝'之誤歟), 永孚
于休." 乃禪位, 退老於別宮, 稱爲太祖大王.(『後漢書』云 : "安帝建光元年,
高句麗王宮死, 子遂成立. 玄菟太守姚光上言, 欲因其喪, 發兵擊之, 議者皆

以爲可許. 尙書陳忠曰：'宮前桀黠, 光不能討, 死而擊之, 非義也. 宜遣吊問, 因責讓前罪, 赦不加誅, 取其後善.' 安帝從之. 明年, 遂成還漢生口."案『海東古記』："高句麗國祖王高宮, 以後漢建武二十九年癸巳卽位, 時年七歲, 國母攝政. 至孝桓帝本初元年丙戌, 遜位讓母弟遂成, 時, 宮年一百歲, 在位九十四年, 則建光元年, 是宮在位第六十九年."則『漢書』所記, 與『古記』抵捂不相符合, 豈『漢書』所記誤耶.)

(次大王二年)春三月, 誅右輔高福章, 福章臨死嘆曰："痛哉冤乎! 我當時爲先朝近臣, 其可見賊亂之人, 默然不言哉. 恨先君不用吾言, 以至於此. 今君甫陟大位, 宜新政敎, 以示百姓, 而以不義殺一忠臣, 吾與其生於無道之時, 不如死之速也."乃卽刑. 遠近聞之, 莫不憤惜.

(『三國史記』卷 15)

열하나. 明臨答夫

　　高句麗人也. 新大王時, 爲國相. 漢玄菟郡太守耿臨, 發大兵欲攻我, 王
問羣臣戰守孰便, 衆議曰 : "漢兵恃衆輕我, 若不出戰, 彼以我爲怯, 數來.
且我國山險而路隘, 此所謂一夫當關, 萬夫莫當者也. 漢兵雖衆, 無如我何,
請出師禦之." 答夫曰 : "不然. 漢國大民衆, 今以强兵遠鬪, 其鋒不可當也.
而又兵衆者宜戰, 兵少者宜守, 兵家之常也. 今漢人千里轉糧, 不能持久, 若
我深溝高壘, 淸野以待之, 彼必不過旬月, 饑困而歸, 我以勁卒迫之, 可以得
志." 王然之, 嬰城固守. 漢人攻之不克, 士卒饑餓, 引還. 答夫帥師數千騎,
追之, 戰於坐原, 漢軍大敗, 匹馬不反. 王大悅, 賜答夫坐原及質山爲食邑.
十五年秋九月卒, 年百十三歲. 王自臨慟, 罷朝七日, 以禮葬於質山, 置守墓
二十家.

(『三國史記』 卷 45)

열둘. 乙巴素

　　高句麗人也. 國川王時, 沛者於畀留·評者左可慮等, 皆以外戚擅權, 多
行不義, 國人怨憤, 王怒, 欲誅之, 左可慮等謀反, 王誅竄之, 遂下令曰: "近
者, 官以寵授, 位非德進, 毒流百姓, 動我王家, 此寡人不明所致也. 今汝四
部, 各擧賢良在下者." 於是, 四部共擧東部晏留, 王徵之, 委以國政, 晏留言
於王曰: "微臣庸愚, 固不足以參大政, 西鴨淥谷左勿村乙巴素者, 琉璃王大
臣乙素之孫也. 性質剛毅, 智慮淵深, 不見用於世, 力田自給, 大王若欲理國,
非此人則不可." 王遣使以卑辭重禮聘之, 拜中畏大夫, 加爵爲于台, 謂曰 :
"孤叨承先業, 處臣民之上, 德薄材短, 未濟於理, 先生藏用晦明, 窮處草澤
者久矣. 今不我棄, 幡然而來, 非獨孤之喜幸, 社稷生民之福也. 請安承敎,
公其盡心." 巴素意雖許國, 謂所受職不足以濟事, 乃對曰: "臣之駑蹇, 不敢
當嚴命, 願大王選賢良, 授高官以成大業." 王知其意, 乃除爲國相, 令知政
事. 於是, 朝臣國戚謂巴素以新間舊, 疾之, 王有敎曰: "無貴賤, 苟不從國相
者, 族之." 巴素退而告人曰: "不逢時則隱, 逢時則仕, 士之常也. 今上待我
以厚意, 其可復念舊隱乎." 乃以至誠奉國, 明政敎, 愼賞罰, 人民以安, 內外
無事. 王謂晏留曰: "若無子之一言, 孤不能得巴素以共理, 今庶績之凝, 子
之功也." 酒拜爲大使者. 至山上王七年秋八月, 巴素卒, 國人哭之慟.

(『三國史記』卷 45)

열셋. 罽須

　　山上王諱延優(一名位宮), 故國川王之弟也. 『魏書』云 : "朱蒙裔孫宮,
生而開目能視, 是爲太祖, 今王是太祖曾孫, 亦生而視人, 似曾祖宮, 高句麗
呼相似爲位, 故名位宮云." 故國川王無子, 故延優嗣立. 初故國川王之薨也,
王后于氏, 秘不發喪, 夜往王弟發歧宅, 曰 : "王無後, 子宜嗣之." 發歧不知
王薨, 對曰 : "天之曆數, 有所歸, 不可輕議, 況婦人而夜行, 豈禮云乎." 后
慙, 便往延優之宅, 延優起, 衣冠迎門, 入座宴飮, 王后曰 : "大王薨, 無子,
發歧作長當嗣, 而謂妾有異心, 暴慢無禮, 是以見叔." 於是, 延優加禮, 親自
操刀割肉, 誤傷其指, 后解裙帶, 裹其傷指, 將歸, 謂延優曰 : "夜深恐有不
虞, 子其送我至宮." 延優從之, 王后執手入宮. 至翌日質明, 矯先王命, 令群
臣, 立延優爲王. 發歧聞之大怒, 以兵圍王宮, 呼曰 : "兄死弟及, 禮也. 汝越
次簒奪, 大罪也. 宜速出, 不然則誅及妻孥." 延優閉門三日, 國人又無從發
歧者, 發歧知難, 以妻子奔遼東, 見太守公孫度('度', 當作'康', 見 『魏志』),
告曰 : "某, 高句麗王男武之母弟也. 男武死, 無子, 某之弟延優, 與嫂于氏
謀, 卽位, 以廢天倫之義, 是用憤恚, 來投上國. 伏願假兵三萬, 令擊之, 得以
平亂." 公孫度從之. 延優遣弟罽須, 將兵禦之, 漢兵大敗, 罽須自爲先鋒, 追
北, 發歧告罽須曰 : "汝今忍害老兄乎?" 罽須不能無情於兄弟, 不敢害之,
曰 : "延優不以國讓, 雖非義也. 爾以一時之憤, 欲滅宗國, 是何意耶? 身沒
之後, 何面目以見先人乎?" 發歧聞之, 不勝慙悔, 奔至裵川, 自刎死. 罽須
哀哭, 收其屍, 草葬訖而還. 王悲喜, 引罽須內中宴, 見以家人之禮, 且曰 :
"發歧請兵異國, 以侵國家, 罪莫大焉. 今子克之, 縱而不殺, 足矣. 及其自死,

哭甚哀, 反謂寡人無道乎?" 闕須愀然銜淚而對曰 : "臣今請一言而死." 王曰 : "何也?" 闕須曰 : "王后雖以先王遺命, 立大王, 大王不以禮讓之, 曾無兄弟友恭之義. 臣欲成大王之美, 故收屍殯之, 豈圖綠此逢大王之怒乎. 大王若以仁忘惡, 以兄喪禮葬之, 孰謂大王不義乎. 臣旣以言之, 雖死猶生, 請出受誅有司." 王聞其言, 前席而坐, 溫顔慰諭曰 : "寡人不肖, 不能無惑, 今聞子之言, 誠知過矣. 願子無責." 王子拜之, 王亦拜之, 盡歡而罷. 秋九月, 命有司奉迎發歧之喪, 以王禮葬於裴嶺. 王本因于氏得位, 不復更娶, 立于氏爲后.

(『三國史記』 卷 16)

열넷. 密友・紐由

    密友・紐由者, 並高句麗人也. 東川王二十年, 魏幽州刺史毌丘儉, 將兵
來侵, 陷丸都城, 王出奔. 將軍王頎追之, 王欲奔南沃沮, 至于竹嶺, 軍士奔
散殆盡, 唯東部密友獨在側, 謂王曰: "今追兵甚迫, 勢不可脫, 臣請決死而
禦之, 王可遁矣." 遂募死士, 與之赴敵力戰. 王僅得脫而去, 依山谷, 聚散卒
自衛, 謂曰: "若有能取密友者, 厚賞之." 下部劉屋句前對曰: "臣試往焉."
遂於戰地, 見密友伏地, 乃負而至, 王枕之以股, 久而乃蘇. 王間行轉輾, 至
南沃沮, 魏軍追不止, 王計窮勢屈, 不知所爲. 東部人紐由進曰: "勢甚危迫,
不可徒死, 臣有愚計. 請以飲食往犒魏軍, 因伺隙刺殺彼將. 若臣計得成, 則
王可舊擊決勝." 王曰: "諾." 紐由入魏軍, 詐降曰: "寡君獲罪於大國, 逃至
海濱, 措躬無地矣. 將以請降於陣前, 歸死司寇, 先遣小臣, 致不腆之物, 爲
從者羞." 魏將聞之, 將受其降, 紐由隱刀食器, 進前拔刀, 刺魏將胸, 與之俱
死. 魏軍遂亂, 王分軍爲二道, 急擊之, 魏軍擾亂, 不能陣, 遂自樂浪而退.
王復國論功, 以密友・紐由爲第一, 賜密友巨谷・靑木谷, 賜屋句鴨淥・豆
訥河原, 以爲食邑, 追贈紐由爲九使者, 又以其子多優爲大使者.

(『三國史記』卷45)

열다섯. 達賈

　　西川王十一年, 冬十月, 肅愼來侵, 屠害邊民. 王謂群臣曰 : "寡人以眇末之軀, 謬襲邦基, 德不能綏, 威不能震, 致此隣敵猾我疆域. 思得謀臣·猛將, 以折遐衝, 咨爾群公, 各擧奇謀異略, 才堪將帥者." 群臣皆曰 : "王弟達賈, 勇而有智略, 堪爲大將." 王於是遣達賈往伐之, 達賈出奇掩擊, 拔檀盧城, 殺酋長, 遷六百餘家於扶餘南烏川, 降部落六七所, 以爲附庸. 王大悅, 拜達賈爲安國君, 知內外兵馬事, 兼統梁貊·肅愼諸部落.

　　十七年, 春二月, 王弟逸友·素勃等二人謀叛, 詐稱病, 往溫湯, 與黨類戲樂無節, 出言悖逆. 王召之, 僞許拜相, 及其至, 令力士執而誅之.

　　十九年, 夏四月, 王幸新城, 海谷太守獻鯨魚目, 夜有光. 秋八月, 王東狩, 獲白鹿. 九月, 地震. 冬十一月, 王至自新城.

　　二十三年, 王薨, 葬於西川之原, 號曰西川王.

　　烽上王(一云'雉葛'), 諱相夫(或云'歃矢婁'), 西川王之太子也. 幼驕逸, 多疑忌, 西川王二十三年薨, 太子卽位.

　　元年, 春三月, 殺安國君達賈. 王以賈在諸父之行, 有大功業, 爲百姓所瞻望, 故疑之謀殺. 國人曰 : "微安國君, 民不能免梁貊·肅愼之難. 今其死矣, 其將焉託." 無不揮涕相弔.

(『三國史記』卷 17)

열여섯. 乙弗

　　美川王(一云‘好壤王’), 諱乙弗(或云‘憂弗’), 西川王之子古鄒加咄固之子. 初烽上王疑弟咄固有異心(‘弟’, 舊本誤作‘弗’), 殺之. 子乙弗畏害出遁, 始就水室村人陰牟家, 傭作. 陰牟不知其何許人, 使之甚苦, 其家側草澤蛙鳴, 使乙弗夜投瓦石, 禁其聲, 晝日督之樵採, 不許暫息, 不勝艱苦. 周年乃去, 與東村人再牟販鹽, 乘舟抵鴨淥, 將鹽下, 寄江東思收村人家. 其家老嫗請鹽, 許之斗許, 再請不與, 其嫗恨恚, 潛以屨置之鹽中. 乙弗不知, 負而上道, 嫗追索之, 誣以廋屨, 告鴨淥宰, 宰以屨直, 取鹽與嫗, 決笞放之. 於是, 形容枯槁, 衣裳藍縷, 人見之, 不知其爲王孫也. 是時, 國相倉助利將廢王, 先遣北部祖弗·東部蕭友等物色, 訪乙弗於山野. 至沸流河邊, 見一丈夫在船上, 雖形貌憔悴, 而動止非常, 蕭友等疑是乙弗, 就而拜之曰 : “今國王無道, 國相與群臣, 陰謀廢之. 以王孫操行儉約, 仁慈愛人, 可以嗣祖業, 故遣臣等奉迎.” 乙弗疑曰 : “予野人, 非王孫也, 請更審之.” 蕭友等曰 : “今上, 失人心久矣(‘矣’, 舊本訛作‘英’). 固不足爲國主, 故群臣望王孫甚勤, 請無疑.” 遂奉引以歸, 助利喜, 致於烏陌南家(‘烏’, 『東國通鑑』作‘烏’), 不令人知. 秋九月, 王獵於侯山之陰, 國相助利從之, 謂衆人曰 : “與我同心者, 效我.” 乃以蘆葉揷冠, 衆人皆揷之, 助利知衆心皆同. 遂共廢王, 幽之別室, 以兵周衛. 遂迎王孫, 上璽綏, 卽王位.

(『三國史記』 卷 17)

열일곱. 倉助利

　　高句麗人也. 烽上王時, 爲國相. 時慕容廆爲邊患, 王謂羣臣曰 : "慕容氏兵強, 屢犯我疆場, 爲之奈何?" 倉助利對曰 : "北部大兄高奴子, 賢且勇, 大王若欲禦寇安民, 非高奴子, 無可用者." 王以爲新城太守, 慕容廆不復來. 九年秋八月, 王發國內丁男年十五已上, 修理宮室, 民乏於食, 困於役, 因之以流亡. 倉助利諫曰 : "天災荐至, 年穀不登, 黎民失所, 壯者流離四方, 老幼轉乎溝壑, 此誠畏天憂民恐懼修省之時也. 大王曾是不思, 驅飢餓之人, 困木石之役, 甚乖爲民父母之意. 而況比鄰有强梗之敵, 若乘吾弊以來, 其如社稷生民何? 願大王熟計之." 王愠曰 : "君者, 百姓之所瞻望也. 宮室不壯麗, 無以示威重. 今相國, 蓋欲謗寡人, 以干百姓之譽也." 助利曰 : "君不恤民, 非仁也 ; 臣不諫君, 非忠也. 臣旣承乏國相, 不敢不言, 豈敢干譽乎?" 王笑曰 : "國相欲爲百姓死耶? 冀無後言." ['後', 恐作'復'] 助利知王之不悛, 退與羣臣謀廢之. 王知不免, 自縊.

(『三國史記』卷49)

열여덟. 道琳

高句麗長壽王陰謀百濟, 求可以間諜於彼者. 時浮屠道琳應募曰: "愚僧旣不能知道, 思有以報國恩. 願大王不以臣不肖, 指使之, 期不辱命." 王悅密使, 譎百濟. 於是, 道琳佯逃罪, 奔入百濟. 時百濟王近蓋婁好博奕, 道琳詣王門, 告曰: "臣少而學碁, 頗入妙, 願有聞於左右." 王召入對碁, 果國手也. 遂尊之爲上客, 甚親昵之, 恨相見之晚. 道琳一日侍坐, 從容曰: "臣, 異國人也, 上不我疎外, 恩私甚渥, 而惟一技之是效, 未嘗有分毫之益. 今願獻一言, 不知上意如何耳." 王曰: "第言之. 若有利於國, 此所望於師也." 道琳曰: "大王之國, 四方皆山丘河海, 是天設之險, 非人爲之形也. 是以四隣之國, 莫敢有覬心, 但願奉事之不暇, 則王當以崇高之勢, 富有之業, 竦人之視聽. 而城郭不葺, 宮室不修, 先王之骸骨, 權攢於露地, 百姓之屋廬, 屢壞於河流, 臣竊爲大王不取也." 王曰: "諾, 吾將爲之." 於是, 盡發國人, 烝土築城, 卽於其內, 作宮樓閣臺榭, 無不壯麗. 又取大石於郁里河, 作槨以葬父骨, 緣河樹堰, 自蛇城之東, 至崇山之北. 是以倉庾虛竭, 人民窮困, 邦之杌陧, 甚於累卵. 於是, 道琳逃還, 以告之, 長壽王喜, 將伐之, 乃授兵於帥臣. 近蓋婁聞之, 謂子文周曰: "予愚而不明, 信用姦人之言, 以至於此. 民殘而兵弱, 雖有危事, 誰肯爲我力戰? 吾當死於社稷, 汝在此俱死, 無益也. 盍避難以續國系焉?" 文周乃與木劦滿致・祖彌桀取('木劦'・'祖彌', 皆複姓, 『隋書』以'木劦'爲二姓, 未知孰是), 南行焉. 至是, 高句麗對盧齊于・再曾桀婁・古爾萬年('再曾'・'古爾', 皆複姓)等帥兵, 來攻北城, 七日而拔之, 移攻南城, 城中危恐, 王出逃. 麗將桀婁等, 見王下馬拜已, 向王面

三唾之, 乃數其罪, 縛送於阿且城下, 戕之. 桀婁·萬年, 本國人也, 獲罪逃
竄高句麗.

(『三國史記』卷 25)

열아홉. 溫達

　　高句麗平岡王時人也. 容貌龍鐘可笑, 中心則睟然. 家甚貧, 常乞食以養母, 破衫弊履, 往來於市井間, 時人目之爲愚溫達. 平岡王少女兒好啼, 王戱曰:"汝常啼聒我耳, 長必不得爲士大夫妻, 當歸之愚溫達." 王每言之, 及女年二八, 欲下嫁於上部高氏, 公主對曰:"大王常語汝必爲溫達之婦, 今何故改前言乎? 匹夫猶不欲食言, 況至尊乎? 故曰:'王者無戱言.' 今大王之命, 謬矣. 妾不敢祇承." 王怒曰:"汝不從我教, 則固不得爲吾女也. 安用同居? 宜從汝所適矣." 於是, 公主以寶釧數十枚繫肘後, 出宮獨行, 路遇一人, 問溫達之家, 乃行至其家. 見盲老母, 近前拜, 問其子所在, 老母對曰:"吾子貧且陋, 非貴人之所可近. 今聞子之臭, 芬馥異常; 接子之手, 柔滑如綿, 必天下之貴人也. 因誰之俑, 以至於此乎? 惟我息不忍饑, 取楡皮於山林, 久而未還." 公主出行, 至山下, 見溫達負楡皮而來. 公主與之言懷, 溫達悖然曰:"此, 非幼女子所宜行, 必非人也, 狐鬼也. 勿迫我也." 遂行不顧. 公主獨歸, 宿柴門下, 明朝更入, 與母子備言之. 溫達依違未決, 其母曰:"吾息至陋, 不足爲貴人匹; 吾家至窶, 固不宜貴人居." 公主對曰:"古人言'一斗粟猶可春, 一尺布猶可縫.' 則苟爲同心, 何必富貴然後可共乎?" 乃賣金釧, 買得田宅·奴婢·牛馬·器物, 資用完具. 初買馬, 公主語溫達曰:"愼勿買市人馬, 須擇國馬病瘦而見放者, 而後換之." 溫達如其言, 公主養飼甚勤, 馬日肥且壯. 高句麗, 常以春三月三日, 會獵樂浪之丘, 以所獲猪鹿祭天及山川神. 至其日, 王出獵, 羣臣及五部兵士皆從. 於是, 溫達以所養之馬隨行, 其馳騁常在前, 所獲亦多, 他無若者. 王召來問姓名, 驚且異之. 時後周武帝,出師伐遼東. 王領軍, 逆戰於拜山之野. 溫達爲先鋒, 疾鬪斬數十餘級. 諸軍乘勝, 奮擊大克. 及論功, 無不以溫達爲第一. 王嘉歎之曰 : "是, 吾女壻也." 備禮迎之, 賜爵爲大兄. 由此寵榮尤渥, 威權日盛. 及陽岡王卽位, 溫達奏曰 : "惟新羅割我漢北之地, 爲郡縣, 百姓痛恨, 未嘗忘父母之國. 願大王不以愚不肖, 授之以兵, 一往必還吾地." 王許焉. 臨行誓曰 : "鷄立峴·竹嶺已西, 不歸於我, 則不返也." 遂行, 與羅軍戰於阿旦城之下, 爲流矢所中, 路而死('路', 趙炳舜本作'踣'). 欲葬, 柩不肯動, 公主來撫棺曰 : "死生決矣. 於乎歸矣." 遂擧而窆. 大王聞之悲慟.

(『三國史記』卷 45)

스물. 乙支文德

未詳其世系, 資沈鷲有智數, 兼解屬文. 隋開皇中['開皇', 當作'大業'], 煬帝下詔, 征高句麗. 於是, 左翊衛大將軍宇文述, 出扶餘道; 右翊衛大將軍于仲文, 出樂浪道, 與九軍至鴨淥水. 文德受王命, 詣其營詐降, 實欲觀其虛實. 述與仲文, 先奉密旨, 若遇王及文德來則執之, 仲文等將留之, 尙書右丞劉士龍爲慰撫使, 固止之, 遂聽文德歸, 深悔之, 遣人, 給文德曰 : "更欲有議, 可復來?" 文德不顧, 遂濟鴨淥而歸. 述與仲文, 旣失文德, 內不自安, 述以粮盡欲還, 仲文謂以精銳追文德, 可以有功. 述止之, 仲文怒曰 : "將軍仗十萬兵, 不能破小賊, 何顏以見帝?" 述等不得已而從之, 度鴨淥水追之. 文德見隋軍士有饑色, 欲疲之, 每戰輒北. 述等一日之中七戰皆捷, 旣恃驟勝, 又逼羣議, 遂進東濟薩水, 去平壤城三十里, 因山爲營. 文德遺仲文詩曰 : "神策究天文, 妙算窮地理. 戰勝功旣高, 知足願云止." 仲文答書諭之, 文德又遣使詐降, 請於述曰 : "若旋師者, 當奉王, 朝行在所." 述見士卒疲弊, 不可復戰, 又平壤城險固, 難以猝拔. 遂因其詐而還, 爲方陣而行, 文德出軍, 四面鈔擊之. 述等且戰且行, 至薩水, 軍半濟, 文德進軍擊其後軍, 殺右屯衛將軍辛世雄. 於是, 諸軍俱潰, 不可禁止, 九軍將士奔還, 一日一夜至鴨淥水, 行四百五十里. 初度遼, 九軍三十萬五千人, 及還至遼東城, 唯二千七百人.

(『三國史記』 卷 44)

 스물하나. 姜以式

〈漢文 原典은 없고 『朝鮮上古史』에 한글로 실려 있음〉

스물둘. 安市城主

　安市城主, 史失其名. 或曰楊萬春也, 材勇兼備. 莫離支之亂, 守城不服. 莫離支攻之, 不能下, 因而與之. 唐貞觀十九年, 太宗皇帝親征高句麗. 三月至定州, 使摠管李世勣・副摠管江夏王道宗・將軍薛仁貴・長孫無忌等, 率諸將佐九人, 攻拔蓋牟・卑沙・白巖・遼東諸城, 進攻安市城. 句麗將北部耨薩高延壽・南部耨薩高惠眞等, 率其衆及靺鞨兵十五萬, 來救安市. 帝命李勣無忌, 率精兵二萬餘人, 鼓噪而進, 掩擊, 大破之, 延壽惠眞出降. 帝刻石紀功於所幸山, 更名曰駐蹕山. 帝謂世勣曰 : “安市城險兵精, 其城主材且勇, 蓋蘇文之亂, 守城不服者. 建安在安市之南, 兵弱而糧小, 若出其不意, 擊之, 必克. 公可先攻建安. 建安下, 則安市在吾腹中矣.” 勣對曰 : “吾軍糧皆在遼東, 今越安市而攻建安, 若麗人斷吾糧道, 將若之何? 不如先攻安市. 安市下, 則鼓行取建安耳.” 帝曰 : “以公爲將, 安得不用公策? 勿誤吾事!” 遂攻安市, 安市人望見帝旗蓋, 乘城鼓譟. 帝大怒, 世勣請克城之日, 男子皆坑之. 安市人聞之, 守益堅. 延壽惠眞請於帝曰 : “奴旣委身大國, 敢獻微誠, 欲天子早成大功. 但安市人顧惜其家, 各自爲戰, 未易卒拔. 今奴以十萬衆, 望旗奔潰, 國人破膽. 烏骨城耨薩老耄, 不能堅守, 移兵臨之, 朝至夕破. 其餘當道小城, 必望風瓦解, 然後收其資糧, 鼓行而前, 平壤必不守矣.” 羣臣

亦言"張亮兵在沙城, 召之, 信宿可至. 乘高句麗洶懼, 並力拔烏骨城, 渡鴨
綠水, 直取平壤, 在此擧矣." 帝將從之, 獨無忌以爲"天子親征, 異於諸將,
不可乘危徼幸. 今建安新城之虜, 猶十萬, 若向烏骨, 必躡吾後, 不如先破安
市取建安, 然後長驅而進, 此萬全之策也." 帝乃止. 時諸將急攻安市, 帝聞
城中鷄彘聲, 謂世勣曰 : "圍城已久, 城中煙火日微, 今鷄彘甚喧, 此必饗士,
夜出襲我, 宜嚴兵備之." 是夜, 麗軍果縋城而下. 帝聞之, 自將至城下, 急擊
之, 麗軍退. 命道宗, 督諸軍, 築土山於城東南隅, 逼其城, 城中亦增高其城,
以拒之. 士卒分番, 交戰日六七合. 衝車礮石, 壞其城堞, 城中隨立木柵, 以
塞之. 道宗傷足, 帝親爲之針. 築山, 晝夜凡六旬不息, 用功五十萬. 山頂去
城數丈, 下臨城中. 道宗使果毅傅伏愛, 將兵屯山頂, 以備敵, 山忽頹, 壓城
崩. 會伏愛私離所部, 我軍數百人, 從城缺出戰, 遂奪據土山, 塹而守之. 帝
怒, 斬伏愛以徇, 命諸將攻之, 三日不能克. 道宗徒跣詣旗下, 請罪, 帝曰 :
"汝罪當死, 但朕以漢武之殺王恢, 不如秦穆之用孟明, 且有破蓋牟遼東之
功, 故特赦汝耳." 時値晩秋, 邊風繚亂. 帝以遼左早寒, 草枯水凍, 士馬難以
久留, 勑班師. 先拔遼蓋二州戶口渡遼, 乃耀兵於安市城下而旋, 城中皆屛
息不敢出, 獨城主登城拜辭. 帝嘉其固守, 賜縑百疋, 以勵事君. 命世勣道宗
爲殿, 帝渡遼, 遭泥淖, 車馬不能通, 無忌以車爲梁, 春正月還京師. 是役,
凡拔玄菟·橫山·蓋牟·磨米·白巖·卑沙·夾谷·銀山·後黃十城, 然
新城·建安·駐蹕三大戰, 唐兵馬死者, 十七八, 不能成功, 帝深悔之, 歎曰
:"魏徵若在, 豈令朕作此行?" 馳驛, 祀其墓. 朝鮮洪良浩, 嘗於乾隆中, 奉
使赴燕, 過娘子店, 去安市, 百餘里也. 野人流傳, "唐文皇攻安市城, 兵敗,
日暮迷失道, 聞山上鷄聲, 尋聲而往, 有婦人開門出迎, 具飯濟饑. 帝困甚,
就睡, 天明視之, 乃空山無人, 而面前有石, 如鷄冠距天成. 愕然心異之, 謂
有神助, 旣還都, 命建寺其地, 而表其靈, 名曰鷄鳴寺." 余心誕之, 試鞭馬往
尋焉, 距店十餘里. 有古刹, 佛榻上, 安一木鷄, 刻鏤如生. 堂下有明人碑,

敍其命名之意. 雖非正史所記, 可備野乘之闕, 乃喟然歎曰 : "夫以堂堂萬乘
之尊, 涉險履危, 幾陷不測, 寧不懍然心寒? 苟求其由, 實坐於功成而不知
足, 志滿而不知戒, 可謂千古明主之鑑矣." 謹載之傳末.

(『海東名將傳』 卷 1)

스물셋. 泉蓋蘇文

蓋蘇文[或云‘蓋金’], 姓泉氏, 自云生水中, 以惑衆. 儀表雄偉, 意氣豪逸. 其父東部[或云‘西部’]大人大對盧死, 蓋蘇文當嗣, 而國人以性忍暴惡之, 不得立. 蘇文頓首謝衆, 請攝職, 如有不可, 雖廢無悔. 衆哀之, 遂許嗣位, 而凶殘不道, 諸大人與王密議欲誅, 事洩. 蘇文悉集部兵, 若將校閱者, 幷盛陳酒饌於城南, 召諸大臣共臨視. 賓至, 盡殺之, 凡百餘人. 馳入宮弑王, 斷爲數段, 棄之溝中, 立王弟之子臧爲王, 自爲莫離支, 其官如唐兵部尙書兼中書令職也. 於是, 號令遠近, 專制國事, 甚有威嚴. 身佩五刀, 左右莫敢仰視. 每上下馬, 常令貴人武將伏地而履之, 出行必布隊伍, 前導者長呼, 則人皆奔迸, 不避坑谷, 國人甚苦之. 唐太宗聞蓋蘇文弑君而專國, 欲伐之, 長孫無忌曰: “蘇文自知罪大, 畏大國之討, 設其守備. 陛下姑爲之隱忍, 彼得以自安, 愈肆其惡, 然後取之, 未晚也.” 帝從之. 蘇文告王曰: “聞中國三敎並行, 而國家道敎尙缺, 請遣使於唐求之.” 王遂表請, 唐遣道士叔達等八人, 兼賜道德經. 於是, 取浮屠寺館之. 會新羅入唐, 告“百濟攻取我四十餘城, 復與高句麗連兵, 謀絶入朝之路, 小國不得已出師, 伏乞天兵救援.” 於是, 太宗命司農丞相里玄奬, 賫璽書勑王曰: “新羅委質國家, 朝貢不闕, 爾與百濟, 宜各戢兵. 若更攻之, 明年發兵討爾國矣.” 初玄奬入境, 蘇文已將

兵擊新羅, 王使召之乃還. 玄奬宣勑. 蘇文曰 : "往者, 隋人侵我, 新羅乘釁,
奪我城邑五百里. 自此, 怨隙已久, 若非還我侵地, 兵不能已." 玄奬曰 : "旣
往之事, 焉可追論? 今遼東, 本皆中國郡縣, 中國尙不言, 句麗豈得必求故
地?" 蘇文不從. 玄奬還具言之, 太宗曰 : "蓋蘇文弑其君, 賊其大臣, 殘虐
其民, 今又違我詔命, 不可以不討." 又遣使蔣儼諭旨, 蘇文竟不奉詔, 乃以
兵脅使者, 不屈, 遂囚之窟室中. 於是, 太宗大擧兵親征之, 事具句麗本紀.
蘇文至乾封元年死.

(『三國史記』卷 49)

스물넷. 泉男生

　子男生, 字元德. 九歲以父任爲先人, 遷中裏小兄, 猶唐謁者也. 又爲中裏大兄, 知國政, 凡辭令, 皆男生主之. 進中裏位頭大兄, 久之, 爲莫離支, 兼三軍大將軍, 加大莫離支. 出按諸部, 而弟男建·男産, 知國事. 或曰："男生惡君等逼己, 將除之." 建·産未之信. 又有謂男生"將不納君". 男生遣諜往, 男建捕得, 卽矯王命, 召之, 男生懼不敢入. 男建殺其子獻忠, 男生走保國內城, 率其衆, 與契丹靺鞨兵附唐, 遣子獻誠訴之. 高宗拜獻誠右武衛將軍, 賜乘輿馬瑞錦寶刀, 使還報, 詔契苾何力率兵援之, 男生乃免. 授平壤道行軍大摠官, 兼持節安撫大使, 舉哥勿·南蘇·倉巖等城以降. 帝又命西臺舍人李虔繹, 就軍慰勞, 賜袍帶金釦七事. 明年召入朝, 遷遼東大都督玄菟郡公, 賜第京師, 因詔還軍. 與李勣攻平壤, 入禽王, 帝詔遣子卽遼水勞賜, 還, 進右衛大將軍卞國公. 年四十六卒. 男生純厚有禮, 奏對敏辯, 善射藝, 其初至, 伏斧鑕待罪, 世以此稱焉.

　　　　　　　　　　　　　　　　　　　　　　　　（『三國史記』卷49）

 스물다섯. 泉獻誠

　　獻誠天授中, 以右衛大將軍, 兼羽林衛. 武后嘗出金幣, 於文武官內, 擇
善射者五人, 中者以賜之. 內史張光輔先讓獻誠爲第一, 獻誠後讓右王鈐衛
大將軍薛吐摩支, 摩支又讓獻誠. 旣而, 獻誠奏曰 : "陛下擇善射者, 然多非
華人, 臣恐唐官以射爲恥, 不如罷之." 后嘉納. 來俊臣嘗求貨, 獻誠不答, 乃
誣其謀叛, 縊殺之. 后後知其寃, 贈右羽林衛大將軍, 以禮改葬.

(『三國史記』卷 49)

스물여섯. 高琳

高琳字季珉, 其先高句麗人也. 六世祖欽, 爲質於慕容庵, 遂仕於燕. 五世祖宗, 率衆歸魏, 拜第一領民酋長, 賜姓羽眞氏. 祖明・父遷仕魏, 咸亦顯達. 琳母嘗祓禊泗濱, 遇見一石, 光彩朗潤, 遂持以歸. 是夜夢見一人, 衣冠有若仙者, 謂其母曰："夫人向所將來之石, 是浮磬之精. 若能寶持, 必生令子."其母驚寤, 便擧身流汗. 俄而有娠, 及生, 因名琳, 字季珉焉. 魏正光初, 起家衛府都督. 從元天穆討邢杲, 破梁將陳慶之, 以功轉統軍. 又從爾朱天光破万俟醜奴, 論功爲最, 除寧朔將軍・奉車都尉. 後隨天光敗於韓陵山, 琳因留洛陽. 魏孝武西遷, 從入關. 至溱水, 爲齊神武所追, 拒戰有功, 封鉅野縣子, 邑三百戶. 大統初, 進爵爲侯, 增邑四百戶, 轉龍驤將軍. 頃之, 授直閣將軍, 遷平西將軍, 加通直散騎常侍. 三年, 從太祖破齊神武於沙苑, 轉安西將軍, 進爵爲公, 增邑八百戶. 累遷衛將軍・銀靑光祿大夫・右光祿大夫. 四年, 從擒莫多婁貸文. 仍戰河橋, 琳先驅奮擊, 勇冠諸軍. 太祖嘉之, 謂之曰："公卽我之韓・白也."拜太子左庶子. 尋以本官鎭玉壁. 復從太祖戰邙山, 除正平郡守, 加大都督, 增邑三百戶. 齊將東方老來寇, 琳率衆禦之. 老恃其勇健, 直前趣琳. 短兵接, 琳擊之, 老中數瘡而退, 謂其左右曰："吾經陣多矣, 未見如此健兒."後乃密使人勸琳東歸, 琳斬其使以聞. 進使持節・車騎大將軍・儀同三司・散騎常侍. 除鄜州刺史, 加驃騎大將軍・開府儀同三司・侍中. 孝閔帝踐阼, 進爵犍爲郡公, 邑一千戶. 武成初, 從賀蘭祥征吐谷渾, 以勳別封一子許昌縣公, 邑一千戶, 除延州刺史. 又從柱國豆盧寧討稽胡郝阿保・劉桑德等, 破之. 二年, 文州氐酋反, 詔琳率兵討平之. 師還, 帝宴羣公卿士, 仍命賦詩言志. 琳詩末章云 :“寄言竇車騎, 爲謝霍將軍, 何以報天子? 沙漠靜妖氛.”帝大悅曰 :“獯‧獫陸梁, 未時款塞, 卿言有驗, 國之福也.”保定初, 授梁州總管‧十州諸軍事. 天和二年, 徙丹州刺史. 三年, 遷江陵副總管. 時陳將吳明徹來寇, 總管田弘與梁主蕭巋出保紀南城, 唯琳與梁僕射王操固守江陵三城以抗之. 晝夜拒戰, 凡經十旬, 明徹退去. 巋表言其狀, 帝乃優詔追琳入朝, 親加勞問. 進授大將軍, 仍副衛公直鎭襄州. 六年, 進位柱國. 建德元年, 薨, 時年七十六. 贈本官, 加冀定齊滄州五州諸軍事‧冀州刺史, 諡曰襄. 子儒, 少以父勳賜爵許昌縣公, 拜左侍上士. 後襲爵犍爲郡公, 位至儀同大將軍.

(『周書』卷 29)

스물일곱. 慕容雲

慕容雲, 字子雨, 寶之養子. 祖父高和, 高句麗之支庶. 自云: "高陽氏之苗裔, 故以高爲氏." 寶之爲太子, 雲以武藝給事東宮. 永康初, 拜侍御郞, 以疾去官. 及熙葬后, 馮跋詣之, 告以大謀, 雲懼, 跋等强之. 四月, 卽天王位, 復姓高氏, 大赦. 改建始元年, 爲正始元年, 國仍號大燕, 以馮跋爲侍中都督中外諸軍錄尙書事武邑公, 慕容歸爲遼東公, 立燕之宗社. 三年冬十月, 雲臨東堂, 幸臣離班·桃仁, 懷劍執紙而入, 稱有所啓, 抽劍擊雲. 雲以几拒班, 桃仁進而殺之. 立馮跋爲主, 卽位, 僞諡爲惠懿皇帝. 始垂以丙戌之歲建號中山, 至馮跋之歲, 歲在己酉, 二十四年.

(『十六國春秋』卷 41)

스물여덟. 高仙芝

　　高仙芝, 本高麗人也. 父舍雞, 初從河西軍, 累勞至四鎭十將·諸衛將軍. 仙芝美姿容, 善騎射, 勇決驍果. 少隨父至安西, 以父有功, 授游擊將軍. 年二十餘, 卽拜將軍, 與父同班秩. 事節度使田仁琬·蓋嘉運, 未甚任用, 後夫蒙靈詧累拔擢之. 開元末, 爲安西副都護·四鎭都知兵馬使. 小勃律國王爲吐蕃所招, 妻以公主, 西北二十餘國皆爲吐蕃所制, 貢獻不通. 後節度使田仁琬·蓋嘉運幷靈詧累討之, 不捷. 玄宗特敕仙芝, 以馬步萬人爲行營節度使, 往討之. 時步軍皆有私馬, 自安西行十五日至撥換城, 又十餘日至握瑟德, 又十餘日至疎勒, 又二十餘日至葱嶺守捉, 又行二十餘日至播密川, 又二十餘日至特勒滿川, 卽五識匿國也. 仙芝乃分爲三軍, 使疏勒守捉使趙崇玼, 統三千騎, 趣吐蕃連雲堡, 自北谷入, 使撥換守捉使賈崇瓘, 自赤佛堂路入, 仙芝與中使邊令誠, 自護密國入, 約七月十三日辰時, 會于吐蕃連雲堡. 堡中有兵千人, 又城南十五甲, 因山爲柵, 有兵八九千人. 城下有婆勒川, 水漲不可渡. 仙芝以三牲祭河, 命諸將選兵馬, 人齎三日乾糧, 早集河次. 水旣難渡, 將士皆以爲狂. 旣至, 人不濕旗, 馬不濕韉, 已濟而成列矣. 仙芝喜謂令誠曰 :“向吾半渡賊來, 吾屬敗矣, 今旣濟成列, 是天以此賊賜我也.” 遂登山挑擊, 從辰至巳, 大破之. 至夜奔逐, 殺五千人, 生擒千人, 餘並走散. 得馬千餘匹, 軍資器械, 不可勝數. 玄宗使術士韓履冰往視曰, 懼不欲行, 邊令誠亦懼. 仙芝留令誠等, 以羸病厄弱三千餘人, 守其城, 仙芝遂進. 三日, 至坦駒嶺, 直下峭峻四十餘里, 仙芝料之曰：“阿弩越胡若速迎, 卽是好心.”又恐兵士不下, 乃先令二十餘騎, 詐作阿弩越城胡服, 上嶺來迎. 旣至坦駒嶺, 兵士果不肯下, 云：“大使將我欲何處去?”言未畢, 其先使二十人來迎, 云：“阿弩越城胡並好心奉迎, 娑夷河藤橋已斫訖.”仙芝陽喜以號令, 兵士盡下. 娑夷河, 卽古之弱水也, 不勝草芥毛髮. 下嶺三日, 越胡果來迎. 明日, 至阿弩越城, 當日令將軍席元慶·賀婁餘潤, 先修橋路. 仙芝明日進軍, 又令元慶以一千騎, 先謂小勃律王曰：“不取汝城, 亦不斫汝橋, 但借汝路過, 向大勃律去.”城中有首領五六人, 皆赤心吐蕃. 仙芝先約元慶云：“軍到, 首領百姓必走入山谷, 招呼取以救命賜綵物等, 首領至, 齊縛之以待我.”元慶旣至, 一如仙芝之所教, 縛諸首領. 王及公主走入石窟, 取不可得. 仙芝至, 斬其爲吐蕃者五六人. 急令元慶斫藤橋, 去勃律猶六十里. 及暮, 纔斫了, 吐蕃兵馬大至, 已無及矣. 藤橋闊一箭道, 修之一年方成. 勃律先爲吐蕃所詐借路, 遂成此橋. 至是, 仙芝徐自招諭勃律及公主出降, 並平其國. 天寶六載八月, 仙芝虜勃律王及公主, 趣赤佛堂路班師. 九月, 復至婆勒川連雲堡, 與邊令誠等相見. 其月末, 還播密川, 令劉單草告捷書, 遣中使判官王廷芳告捷. 仙芝軍還至河西, 夫蒙靈詧都不使人迎勞, 罵仙芝曰：“噉狗腸高麗奴! 噉狗屎高麗奴! 于闐使, 誰與汝奏得?”仙芝曰：“中丞.”“焉耆鎭守使, 誰邊得?”曰：“中丞.”“安西副都護使, 誰邊得?”曰：“中丞.”“安西都知兵馬使, 誰邊得?”曰：“中丞.”靈詧曰：“此旣皆我所奏, 安得不待我處分懸奏捷書! 據高麗奴此罪, 合當斬, 但緣新立大功, 不欲處置.”又謂劉單曰：“聞爾能作捷書.”單恐懼請罪. 令誠具奏其狀曰：“仙芝立奇功, 今將憂死.”其年六月, 制授仙芝鴻臚卿·攝御史中丞, 代夫蒙靈詧爲四鎭節度使, 徵靈詧入朝. 靈詧大懼, 仙芝每日見之, 趨走如故, 靈詧益不自安. 將軍程千里, 時爲副都護, 大將軍畢思琛, 爲靈詧押衙, 并行官王滔·康懷順·陳奉忠等, 嘗構譖仙芝於靈詧. 仙芝旣領節度事, 謂程千里曰：“公面似男兒, 心如婦人, 何也?”又謂思琛曰：“此胡敢來! 我城東一千石種子莊,

被汝將去, 憶之乎?" 對曰 : "此是中丞知思琛辛苦見乞." 仙芝曰 : "吾此時
懼汝作威福, 豈是憐汝與之! 我欲不言, 恐汝懷憂, 言了無事矣." 又呼王滔等
至, 捽下將笞, 良久皆釋之, 由是軍情不懼. 八載, 入朝, 加特進, 兼左金吾衛
大將軍同正員, 仍與一子五品官. 九載, 將兵討石國, 平之, 獲其國王以歸. 仙
芝性貪, 獲石國大瑟瑟十餘石・眞金五六駝駝・名馬寶玉稱是. 初, 舍雞以仙
芝爲懦緩, 恐其不能自存, 至是立功. 家財鉅萬, 頗能散施, 人有所求, 言無不
應. 其載, 入朝, 拜開府儀同三司, 尋除武威太守・河西節度使, 代安思順. 思
順諷羣胡, 割耳剺面請留, 監察御史裴周南奏之, 制復留思順, 以仙芝爲右羽
林大將軍. 十四載, 封密雲郡公. 十一月, 安祿山據范陽叛. 是日, 以京兆牧・
榮王琬爲討賊元帥, 仙芝爲副. 命仙芝領飛騎・彍騎及朔方・河西・隴右應
赴京兵馬, 并召募關輔五萬人, 繼封常淸, 出潼關進討, 仍以仙芝兼御史大夫.
十二月, 師發, 玄宗御望春亭, 慰勞遣之, 仍令監門將軍邊令誠, 監其軍, 屯於
陝州. 是月十一日, 封常淸兵敗於氾水. 十三日, 祿山陷東京, 常淸以餘衆奔
陝州, 謂仙芝曰 : "累日血戰, 賊鋒不可當. 且潼關無兵, 若狂寇奔突, 則京師
危矣. 宜棄此守, 急保潼關." 常淸・仙芝乃率見兵, 取太原倉錢絹, 分給將士,
餘皆焚之. 俄而賊騎繼至, 諸軍惶駭, 棄甲而走, 無復隊伍. 仙芝至關, 繕修守
具, 又令索承光, 守善和戍. 賊騎至關, 已有備矣, 不能攻而去, 仙芝之力也.

(『舊唐書』 卷104)

〈『구당서舊唐書』 「봉상청 열전封常淸列傳」에 나오는 고선지 관련 부분임.〉

　　玄宗聞常淸敗, 削其官爵, 令白衣於仙芝軍效力. 仙芝令常淸監巡左右廂
諸軍, 常淸衣皁衣以從事. 監軍邊令誠每事干之, 仙芝多不從. 令誠入奏事,
具言仙芝・常淸逗撓奔敗之狀. 玄宗怒, 遣令誠齎敕至軍並誅之. (중략)
　　常淸旣刑, 陳其尸於蘧蒢上. 仙芝歸至廳, 令誠索陌刀手百餘人隨而從

之, 曰 : "大夫亦有恩命." 仙芝遽下, 遂至常清所刑處. 仙芝曰 : "我退, 罪也, 死不辭. 然以我爲減截兵糧及賜物等, 則誣我也." 謂令誠曰 : "上是天, 下是地, 兵士皆在, 足下豈不知乎!" 其召募兵排列在外, 素愛仙芝, 仙芝呼謂之曰 : "我於京中召兒郎輩, 雖得少許物, 裝束亦未能足, 方與君輩破賊, 然後取高官重賞. 不謂賊勢憑陵, 引軍至此, 亦欲固守潼關故也. 我若實有此, 君輩卽言實. 我若實無之, 君輩當言枉." 兵齊呼曰"枉", 其聲殷地. 仙芝又目常清之尸, 謂之曰 : "封二, 子從微至著, 我則引拔子爲我判官, 俄又代我爲節度使, 今日又與子同死於此, 豈命也夫!" 遂斬之.

스물아홉. 王毛仲

王毛仲, 本高麗人也. 父游擊將軍職事求婁, 犯事沒官, 生毛仲, 因隷于玄宗. 性識明悟, 玄宗爲臨淄王, 常伏事左右. 及出兼潞州別駕, 又見李宜德趫捷善騎射, 爲人蒼頭, 以錢五萬買之. 景龍三年冬, 玄宗還長安, 以二人挾弓矢爲翼.

初, 太宗貞觀中, 擇官戶蕃口中少年驍勇者百人, 每出遊獵, 令持弓矢於御馬前射生, 令騎豹文韉, 著畫獸文衫, 謂之‘百騎’. 至則天時, 漸加其人, 謂之‘千騎’, 分隷左右羽林營. 孝和謂之‘萬騎’, 亦置使以領之. 玄宗在藩邸時, 常接其豪俊者, 或賜飮食財帛, 以此盡歸心焉. 毛仲亦悟玄宗旨, 待之甚謹, 玄宗益憐其敏惠.

及四年六月, 中宗遇弑, 韋后稱制, 令韋播·高嵩爲羽林將軍, 令押千騎營, 榜棰以取威. 其營長葛福順·陳玄禮等相與見玄宗訴冤, 會玄宗已與劉幽求·麻嗣宗·薛崇簡等謀擧大計, 相顧益歡, 令幽求諷之, 皆願決死從命. 及二十日夜, 玄宗入苑中, 宜德從焉, 毛仲避之不入. 乙夜, 福順等至, 玄宗曰 : “與公等除大逆, 安社稷, 各取富貴, 在於俄頃, 何以取信?” 福順等請號而行, 斯須斬韋播·韋璿·高嵩等頭來, 玄宗擧火視之. 又召鍾紹京領總監丁匠刀鋸百人至, 因斬關而入, 后及安樂公主等皆爲亂兵所殺. 其夜, 少帝以玄宗著大勳, 進封平王. 以紹京·幽求知政事, 署詔敕. 崇簡·嗣宗及福順·宜德, 功大者爲將軍, 次者爲中郞將. 其時, 梓宮在殯, 擧城縞素. 及明,玄宗引新立功者皆衣紫衣緋, 持滿鐵騎而出, 傾城聚觀歡慰. 其犯逆者, 盡曝屍於城外. 毛仲數日而歸, 玄宗不責, 又超授將軍.

及玄宗爲皇太子監國, 因奏改左右萬騎左右營爲龍武軍, 與左右羽林爲北門四軍, 以福順等爲將軍以押之. 龍武官盡功臣, 受賜賚, 號爲'唐元功臣'. 長安良家子避征徭, 納資以求隷於其中, 遂每軍至數千人. 毛仲專知東宮駝馬鷹狗等坊, 未逾年, 已至大將軍, 階三品矣. 及先天二年七月, 毛仲預誅蕭·岑等功, 授輔國大將軍·左武衛大將軍·檢校內外閑廐兼知監牧使, 進封霍國公, 實封五百戶. 毛仲奉公正直, 不避權貴, 兩營萬騎功臣·閑廐官吏皆懼其威, 人不敢犯. 苑中營田草萊常收, 率皆豐溢, 玄宗以爲能. 開元十四年, 贈其父秦州刺史.

毛仲雖有賜莊宅, 奴婢·駝馬·錢帛不可勝紀, 常於閑廐側內宅住. 每入侍讌賞, 與諸王·姜皎等御幄前連榻而坐. 玄宗或時不見, 則悄然如有所失; 見之則歡洽連宵, 有至日晏. 其妻已邑號國夫人; 賜妻李氏又爲國夫人. 每入內朝謁, 二夫人同承賜賚, 生男, 孩稚已授五品, 與皇太子同遊, 故中官楊思勖·高力士等常避畏之. 七年, 進位特進, 行太僕卿, 餘並如故. 九年, 持節充朔方道防禦討擊大使, 仍以左領軍大總管王晙與天兵軍節度張說, 東與幽州節度裴伷先等計會.

毛仲部統嚴整, 群牧孳息, 遂數倍其初. 芻粟之類, 不敢盜竊, 每歲迴殘, 常致數萬斛. 不三年, 扈從東封, 以諸牧馬數萬匹從, 每色爲一隊, 望如雲錦, 玄宗益喜. 於岳下以宰相源乾曜·張說加左右丞相, 毛仲加開府儀同三司. 自玄宗先天正位後, 以后父王同皎及姚崇·宋璟及毛仲十五年間四人至開府, 又敕張說爲監牧頌以美之. 十七年, 從朝五陵, 又贈毛仲父益州大都督. 毛仲益驕, 嘗求爲兵部尙書, 玄宗不悅, 毛仲怏怏, 見於詞色. 又福順子娶毛仲女, 宜德·唐地文等數十人皆與毛仲善, 倚之多爲不法. 中官等妒其全盛逾己, 專發其罪, 尤倨慢之. 中官高品者, 毛仲視之蔑如也; 如卑品者, 小忤意則挫辱如己之僮僕. 力士輩恨入骨髓. 毛仲承恩遇, 妻産, 嘗借苑中亭子納涼, 玄宗借之. 中官構之彌甚, 曰 : "北門奴官太盛, 豪者皆一心, 不除之, 必起大患."

後毛仲索甲仗於太原軍器監, 時嚴挺之爲少尹, 奏之. 玄宗恐其黨震懼爲亂, 乃隱其實狀, 詔曰 : "開府儀同三司·兼殿中監·霍國公·內外閑廐監牧都使王毛仲, 是惟微細, 非有功績, 擢自家臣, 升于朝位. 恩寵莫二, 委任斯崇. 無涓塵之益, 肆驕盈之志. 往屬艱難, 遽茲逃匿, 念深惟舊, 義在優容, 仍荷殊榮, 蔑聞悛悔. 在公無竭盡之效, 居常多怨望之詞. 跡其深愆, 合從誅殛; 恕其庸昧, 宜從遠貶. 可瀼州別駕員外置長任, 差使馳驛領送至任, 勿許東西及判事." 左領軍大將軍耿國公葛福順, 貶壁州員外別駕; 左監門將軍盧龍子唐地文, 貶振州員外別駕; 右武衛將軍成紀侯李守德, 貶嚴州員外別駕, 守德本宜德也, 立功後改名; 右威衛將軍王景耀, 貶黨州員外別駕; 右威衛將軍高廣濟, 貶道州員外別駕. 毛仲男太子僕守貞, 貶施州司戶; 太子家令守廉, 貶溪州司戶; 率更令守慶, 貶鶴州司倉; 左監門長史守道, 貶涪州參軍. 連累者數十人. 又詔殺毛仲, 及永州而縊之.

(『舊唐書』 卷 106)

서른. 王思禮

　　王思禮, 營州城傍高麗人也. 父虔威, 爲朔方軍將, 以習戰聞. 思禮少習
戎旅, 隨節度使王忠嗣至河西, 與哥舒翰對爲押衙. 及翰爲隴右節度使, 思
禮與中郎周泌爲翰押衙, 以拔石堡城功, 除右金吾衛將軍, 充關西兵馬使,
兼河源軍使. 十一載, 加雲麾將軍. 十二載, 翰征九曲, 思禮後期, 欲引斬之,
續使命釋之. 思禮徐言曰 : "斬則斬, 卻喚何物?" 諸將皆壯之. 十三年, 吐蕃
蘇毗王款塞, 詔翰至磨環川應接之. 思禮墜馬損脚, 翰謂中使李大宜曰 : "思
禮旣損脚, 更欲何之?"

　　十四載六月, 加金城太守. 祿山反, 哥舒翰爲元帥, 奏思禮加開府儀同三
司, 兼太常卿同正員, 充元帥府馬軍都將, 每事獨與思禮決之. 十五載二月,
思禮白翰謀殺安思順父元貞, 於紙隔上密語翰, 請抗表誅楊國忠, 翰不應.
復請以三十騎劫之, 橫馱來潼關殺之, 翰曰 : "此乃翰反, 何預祿山事." 六
月, 潼關失守, 思禮西赴行在, 至安化郡. 思禮與呂崇賁·李承光並引於纛
下, 責以不能堅守, 並從軍令. 或救之可收後效, 遂斬承光而釋思禮·崇賁,
與房琯爲副使. 便橋之戰又不利, 除爲關內節度使. 尋遣守武功.

　　賊將安守忠及李歸仁·安泰清來戰, 思禮以其衆退守扶風. 賊兵分至大
和關, 去鳳翔五十里. 王師大駭, 鳳翔戒嚴, 中官及朝官皆出其孥, 上使左右
巡御史虞候書其名, 乃止. 遂命司徒郭子儀以朔方之衆擊之而退.

　　至德二年九月, 思禮從元帥廣平王收西京, 旣破賊, 思禮領兵先入景淸宮.

又從子儀戰陜城・曲沃・新店, 賊軍繼敗, 收東京. 思禮又於絳郡破賊六千餘衆, 器械山積, 牛馬萬計. 遷戶部尙書・霍國公, 食實封三百戶. 乾元二年, 與子儀等九節度圍安慶緒於相州. 思禮領關內及潞府行營步卒三萬・馬軍八千, 大軍潰, 唯思禮與李光弼兩軍獨全. 及光弼鎭河陽, 制以思禮爲太原尹・北京留守・河東節度使・兼御史大夫, 貯軍糧百萬, 器械精銳. 尋加守司空. 自武德已來, 三公不居宰輔, 唯思禮而已.

上元二年四月, 以疾薨, 輟朝一日, 贈太尉, 謚曰武烈, 命鴻臚卿監護喪事. 思禮長於支計, 短於用兵, 然立法嚴整, 士卒不敢犯, 時議稱之.

(『舊唐書』卷 10)

서른하나. 李正己

　李正己, 高麗人也. 本名懷玉, 生於平盧. 乾元元年, 平盧節度使王玄志卒, 會有勅遣使來存問, 懷玉恐玄志子爲節度, 遂殺之, 與軍人共推立侯希逸爲軍帥. 希逸母卽懷玉姑也. 後與希逸同至靑州, 累至折衝將軍, 驍健有勇力. 寶應中, 衆軍討史朝義, 至鄭州. 迴紇方强暴恣橫, 諸節度皆下之, 正己時爲軍候, 獨欲以氣吞之. 因與其角逐, 衆軍聚觀, 約曰 : "後者批之." 既逐而先, 正己擒其領而批其背, 迴紇尿液俱下, 衆軍呼笑, 虜慚, 繇是不敢爲暴.

　節度使侯希逸卽其外兄也, 用爲兵馬使. 正己沈毅得衆心, 希逸因事解其職, 軍中皆言其非罪, 不當廢. 會軍人逐希逸, 希逸奔走, 遂立正己爲帥, 朝廷因授平盧淄靑節度觀察使 · 海運押新羅渤海兩蕃使 · 檢校工部尙書 · 兼御史大夫 · 靑州刺史, 賜今名. 尋加檢校尙書右僕射, 封饒陽郡王. 大曆十一年十月, 檢校司空 · 同中書門下平章事. 十三年, 請入屬籍, 從之. 爲政嚴酷, 所在不敢偶語. 初有淄 · 靑 · 齊 · 海 · 登 · 萊 · 沂 · 密 · 德 · 棣等州之地, 與田承嗣 · 令狐彰 · 薛嵩 · 李寶臣 · 梁崇義更相影響. 大曆中, 薛嵩死, 及李靈曜之亂, 諸道共攻其地, 得者爲己邑, 正己復得曹 · 濮 · 徐 · 兗 · 鄆, 共十有五州, 內視同列, 貨市渤海名馬, 歲歲不絶. 法令齊一, 賦稅均輕, 最稱强大. 嘗攻田承嗣, 威震鄰敵. 歷檢校司空 · 左僕射 · 兼御史大夫, 加平章事 · 太子太保 · 司徒.

後自靑州徙居鄆州, 使子納及腹心之將分理其地. 建中後, 畏懼朝廷, 多不自安. 聞將築汴州, 乃移兵屯濟陰, 晝夜敎習爲備. 河南騷然, 犬下爲憂, 羽檄馳走, 徵兵以益備. 又於徐州增兵, 以扼江淮, 於是運輸爲之改道. 未幾, 發疽卒, 時年四十九. 子納擅總兵政, 祕之數月, 乃發喪. 納阻兵, 興元元年四月, 歸順, 方贈正己太尉.

(『舊唐書』卷 124)

서른둘. 李納

　納少時, 正己遣將兵備秋, 代宗召見嘉之, 自奉禮郎超拜殿中丞・兼侍御史, 賜紫金魚袋. 歷檢校倉部郎中, 兼總父兵, 奏署淄州刺史. 正己將兵擊田承嗣, 奏署節度觀察留後. 尋遷靑州刺史, 又奏署行軍司馬, 兼曹州刺史・曹濮徐兗沂海留後, 又加御史大夫.

　建中初, 正己・田悅・梁崇義・張惟岳皆反. 二年, 正己卒, 納祕喪, 統父衆, 仍復爲亂. 比會悅於濮陽, 遣大將衛俊將兵一千救悅, 爲河東節度使馬燧敗於洹水, 殺傷殆盡. 詔諸軍誅之, 納從叔父洧以徐州, 李士眞以德州, 及棣州李長卿, 皆以州歸順. 納以彭城險阨, 又怒洧背宗, 乃悉兵圍之. 詔宣武軍節度劉洽與諸軍救之, 大敗納兵於城下. 後將兵於濮陽, 洽攻破其城外. 納自城上見洽, 涕泣悔罪, 遣判官房說以其弟經・男成務朝京師, 請因洽從順. 會中使宋鳳朝見之, 謂納計蹙, 欲誅破之以爲己功, 奏請無捨, 上乃械說等繫禁中. 納遂歸鄆州, 復與李希烈・朱滔・王武俊・田悅合謀皆反, 僞稱齊王, 建置百官. 及興元之降罪己詔, 納乃效順, 詔加檢校工部尙書・平盧軍節度・淄靑等州觀察使. 無幾, 檢校右僕射・同中書門下平章事. 時希烈圍陳州, 納遣兵與諸軍奮擊, 大破之, 因解圍. 加檢校司空, 封五百戶. 貞元初, 升鄆州爲大都督府, 改授長史. 年三十四, 薨於位, 廢朝三日, 贈賻有差.

（『舊唐書』卷 124）

서른셋. 李師古

　子師古, 累奏至靑州刺史. 貞元八年, 納死, 軍中以師古代其位而上請,
朝廷因而授之. 起復右金吾大將軍同正·平盧及靑淄齊節度營田觀察·海
運陸運押新羅渤海兩蕃使. 成德軍節度王武俊率師次于德·棣二州, 將取蛤
𦀰及三汊城. 棣州之鹽池與蛤𦀰歲出鹽數十萬斛, 棣州之隷淄靑也, 其刺史
李長卿以城入朱滔, 而蛤𦀰爲納所據, 因城而戍之, 以專鹽利. 其後武俊以
敗朱滔功, 以德·棣二州隷之, 蛤𦀰猶爲納戍. 納初於德州南跨河而城以守
之, 謂之三汊, 交田緒以通魏博路, 而侵掠德州, 爲武俊患. 及納卒, 師古繼
之. 武俊以其年弱初立, 舊將多死, 心頗易之, 乃率衆兵以取蛤𦀰·三汊爲
名, 其實欲窺納之境. 師古令棣州降將趙鎬拒之. 武俊令其子士淸將兵先濟
於滴河, 會士淸營中火起, 軍驚, 惡之, 未進. 德宗遣使諭旨, 武俊卽罷還.
師古毀三汊口城, 從詔旨. 師古雖外奉朝命, 而嘗畜侵軼之謀, 招集亡命, 必
厚養之, 其得罪於朝而逃詣師古者, 因卽用之. 其有任使于外者, 皆留其妻
子, 或謀歸款於朝, 事洩, 族其家, 衆畏死而不敢異圖.
　貞元十年五月, 師古服闋, 加檢校禮部尙書. 十二年正月, 檢校尙書右僕
射. 十一月, 師古丁母憂, 起復左金吾上將軍同正. 十五年正月, 師古·杜佑
·李欒妾媵並爲國夫人. 十六年六月, 與淮南節度使杜佑同制加中書門下平
章事. 及德宗遺詔下, 告哀使未至, 義成軍節度使李元素以與師古鄰道, 錄
遺詔報師古, 以示無外. 師古遂集將士, 引元素使者謂曰 : "師古近得邸吏

狀, 具承聖躬萬福. 李元素豈欲反, 乃忽僞錄遺詔以寄. 師古三代受國恩, 位兼將相, 見賊不可以不討." 遂杖元素使者, 遽出兵以討元素爲名, 冀因國喪以侵州縣. 俄聞順宗卽位, 師古乃罷兵. 後累官至檢校司徒・兼侍中. 卒, 贈太傅.

(『舊唐書』卷 124)

서른넷. 李師道

師道, 師古異母弟. 其母張忠志女. 師道時知密州事, 師古死, 其奴不發喪, 潛使迎師道於密而奉之. 朝命久未至, 師道謀於將吏, 或欲加兵於四境, 其判官高沐固止之. 乃請進兩稅, 守鹽法, 申官員, 遣判官崔承寵・孔目官林英相繼奏事. 時杜黃裳作相, 欲乘其未定也, 以計分削之, 憲宗以蜀川方擾, 不能加兵於師道. 元和元年七月, 遂命建王審遙領節度, 授師道檢校左散騎常侍・兼御史大夫, 權知鄆州事, 充淄青節度留後. 十月, 加檢校工部尙書, 兼鄆州大都督府長史, 充平盧軍及淄青節度副大使, 知節度事・管內支度營田觀察處置・陸運海運押新羅渤海兩蕃等使. 自正己至師道, 竊有鄆・曹等十二州, 六十年矣. 懼衆不附己, 皆用嚴法制之. 大將持兵鎭于外者, 皆質其妻子; 或謀歸款於朝, 事洩, 其家無少長皆殺之. 以故能劫其衆, 父子兄弟相傳焉. 五年七月, 檢校尙書右僕射.

十年, 王師討蔡州, 師道使賊燒河陰倉, 斷建陵橋. 初, 師道置留邸於河南府, 兵謀雜以往來, 吏不敢辨. 因吳元濟北犯汝・鄭, 郊畿多警, 防禦兵盡戍伊闕, 師道潛以兵數十百人內其邸, 謀焚宮闕而肆殺掠. 旣烹牛饗衆矣, 明日將出, 會有小將楊進・李再興者詣留守呂元膺告變, 元膺追伊闕兵圍之, 半日不敢進攻. 防禦判官王茂元殺一人而後進, 或有毁其墉而入者. 賊衆突出殺人, 圍兵奔駭, 賊得結伍中衢, 內其妻子於囊橐中, 以甲冑殿而行, 防禦兵不敢追. 賊出長夏門, 轉掠郊墅, 東濟伊水, 入嵩山. 元膺誡境上兵重購以捕之. 數月, 有山棚鬻鹿於市, 賊遇而奪之, 山棚走而徵其黨, 或引官軍共圍之谷中, 盡獲之. 窮理得其魁首, 乃中岳寺僧圓靜, 年八十餘, 嘗爲史思明將, 偉悍過人. 初執之, 使巨力者奮鎚, 不能折脛. 圓靜罵曰: "鼠子, 折人脚猶不能, 敢稱健兒乎!" 乃自置其足敎折之. 臨刑, 乃曰: "誤我事, 不得使洛城流血." 死者凡數十人. 留守禦將二人‧都亭驛卒五人‧甘水驛卒三人, 皆潛受其職署, 而爲之耳目, 自始謀及將敗, 無知者.

初, 師道多買田於伊闕‧陸渾之間, 凡十所處, 欲以舍山棚而衣食之. 有訾嘉珍‧門察者, 潛部分之, 以屬圓靜, 以師道錢千萬僞理嵩山之佛光寺, 期以嘉珍竊發時擧火於山中, 集二縣山棚人作亂. 及窮按之, 嘉珍‧門察, 乃賊武元衡者, 元膺具狀以聞. 及誅吳元濟, 師道恐懼, 上表乞聽朝旨, 請割三州幷遣長子入侍宿衞, 詔許之.

師道識暗, 政事皆決於群婢. 婢有號蒲大姊‧袁七娘者, 爲謀主, 乃言曰: "自先司徒以來, 有此十二州, 奈何一日無苦而割之耶! 今境內兵士數十萬人, 不獻三州, 不過發兵相加, 可以力戰, 戰不勝, 乃議割地, 未晚也." 師道從之而止, 表言軍情不叶[協], 乃詔諸軍討伐. 十年十二月, 武寧節度使李愿遣將王智興擊破師道之衆九千, 斬首二千餘級, 獲牛馬四千, 遂至平陰. 十一年十一月, 加師道司空, 仍遣給事中柳公綽往宣慰, 且觀所爲, 欲寬容之. 師道苟以遜順爲辭, 長惡不悛. 十三年七月, 滄州節度使鄭權破淄青賊於齊州福城縣, 斬首五百餘級. 十月, 徐州節度使李愬‧兵馬使李祐於兗州魚臺縣破賊三千餘人. 魏博節度使田弘正率本軍自陽劉渡河, 距鄆州九十里下營, 再接戰, 破賊三萬餘衆, 生擒三千人, 收器械不可勝紀. 陳許節度使李光顔於濮陽縣界破賊, 收斗門城‧杜莊柵. 田弘正復於故東阿縣界破賊五萬. 諸軍四合, 累下城柵.

師道使劉悟將兵當魏博軍, 旣敗, 數令促戰. 師未進, 乃使奴召悟計事. 悟知其來殺己, 乃稱病不出, 召將吏謀曰: "魏博兵强, 乘勝出戰, 必敗吾師,

不出則死. 今天子所誅, 司空一人而已. 悟與公等皆被驅逐就死地, 何如轉
禍爲福, 殺其來使, 以兵趣鄆州, 立大功以求富貴." 衆皆曰 : "善." 乃迎其使
而斬之, 遂齎師道追牒, 以兵趣鄆州. 及夜, 至門, 示以師道追牒, 乃得入.
兵士繼進, 至毬場, 因圍其內城, 以火攻之, 擒師道而斬其首, 送于魏博軍,
元和十四年二月也. 是月, 弘正獻於京師, 天子命左右軍如受馘儀, 先獻于
太廟郊社, 憲宗御興安門受之, 百僚稱賀.

初, 東軍諸道行營節度擒逆賊將夏侯澄等共四十七人, 詔曰"附麗兇黨,
拒抗王師, 國有常刑, 悉合誅戮. 朕以久居汚俗, 皆被脅從, 況討伐已來, 時
日未幾, 縱懷轉禍之計, 未有效款之由, 情似可矜, 朕不忍殺. 況三軍百姓,
孰非吾人, 詔令頒行, 罪止師道. 方欲拯於塗炭, 是用活其性命, 誠爲屈法,
庶使知恩. 並宜特從釋放, 仍令卻遞送至魏博及義成行營, 各委節度收管驅
使. 如父母血屬猶在賊中, 或羸老疾病情切歸還者, 仍量事優當放去, 務相
全貸, 何所疑留." 及澄等至行營, 賊覘知傳告, 叛徒皆感朝恩, 由是劉悟得
行其謀焉.

師道妻魏氏及小男並配掖庭. 堂弟師賢・師智配流春州, 姪弘巽配流雷
州. 詔分其十二州爲三節度, 俾馬總・薛平・王遂分鎭焉. 仍命宰臣崔羣撰
碑以紀其績. 國家自天寶末安祿山首亂兩河, 至寶應元年王師平史朝義, 其
將薛嵩・李懷仙・田承嗣・李寶臣等受僞命分領州郡, 朝廷厭兵, 因僕固懷
恩誘, 就加官爵. 及侯希逸爲軍人逐出, 正己又據齊・魯之地, 旣而遞相膠
固, 聯結姻好, 職貢不入, 法令不加, 率以爲常. 仍皆署其子爲副大使, 父死
子立. 自安・史以後, 迄至于貞元, 朝廷多務優容, 每聞擅襲, 因而授之, 以
故六十餘年, 兩河號爲反側之俗. 憲宗知人善任, 削平亂跡, 兩河復爲王土
焉. 師道妻魏氏, 元和十五年出家爲尼.

(『舊唐書』卷 124)

고구려 연표

비고	연도	사건	왕조
	206		西漢
	B.C.108	고조선멸망, 한사군 설치	
	57	박혁거세 신라건국, 왕호 거서간 사용	
¹주몽 졸본에서 고구려 건국	37		
	제1대 **동명성왕**		
²유리왕 즉위	19		
	2대 **유리왕**		
	18 (2)	온조 위례성에서 백제 건국	
³부분노 선비 물리치고 속국으로 삼음 ⁴해명 자결	9 (11)		
	A.D. 3 (22)	국내성으로 천도	
	13 (32)	부여 침공 왕자 무휼이 학반령에서 격퇴	
	18 (37)		
	3대 **대무신왕**		
⁵괴유 부여왕 사로잡아 죽임	22 (5)		
	25		
⁶을두지 요동태수의 침입을 물리침	28 (11)	한, 요동태수 위나암성 공격해옴	漢
⁸호동왕자 낙랑 공격하여 항복받음	32 (15)		
⁷추발소 비류부장에 임명	42 (25)	김수로 금관가야 건국	
	44 (27)		
	4대 **민중왕**		
	48 (5)		
	5대 **모본왕**		
⁹두노 모본왕 시해	53 (6)	태자를 세워 태후 섭정	
	6대 **태조왕**		
	121(69)	왕의 아우 수성 한나라의 현도/요동 등 격파	
¹⁰고복장 우보가 되어 태조왕을 보좌	123(71)		東漢
	146(94)	수성 왕의 시해도모 왕 수성에게 선위	
	7대 **차대왕**		
¹¹명림답부 차대왕 살해	165(20)		
	8대 **신대왕**		
녕림딥부 시망	179(15)		
	9대 **고국천왕**		
	184 (6)	요동대수 침입 계수 밗어실패	
¹²을파소 국상 임명	191(13)	좌가려의 반란 진압	
을파소 진대법 실시	194(16)		
	197(19)	고국천왕의 왕비를 왕후로 삼음	
왕의 형 발기 반란 ¹³계수 저지	0대 **산상왕**		
	209(13)	환도로 천도	
	220		
	221		

		222					
		227 (31)					
		11대 **동천왕**					
위 나라 유주 자사 관구검 침입		246 (20)					
¹⁴밀우 결사대							
¹⁴유유 위나라 장수를 죽이고 자살							
		248 (22)					
		12대 **중천왕**					
		260 (26)	6좌평과 관위 16품을 정함				
			공복제도 실시				
		263					
		265					
		270 (23)					
		13대 **서천왕**					
숙신족 침입		280 (11)					
15	대장으로 출전 큰 전과						
		286 (17)	왕의 아우 일소, 소발 등 모반, 처형				
¹⁷창조리 국상에 임명		292 (3)					
		14대 **봉상왕**					
창조리에 의해 왕위를 빼앗긴 봉상왕 자살		300 (9)					
¹⁶을불(미천왕) 즉위		15대 **미천왕**					
		313	백제와 고구려의 협공으로 낙랑군 멸망				
		316					
		317					
		331 (32)					
		16대 **고국원왕**					
		342 (13)	왕의 아우를 보내 연나라에 조공				
			미천왕 시신 돌려받음				
		371	백제의 태자 근수구 평양성 공격 왕의 전사				
		17대 **소수림왕**					
		372 (2)	태학설립, 불교전래				
		373 (3)	율령반포				
		375 (5)	불교 공인, 사찰 창건				
		384 (14)	백제, 불교전래				
		18대 **고국양왕**					
		386					
		391					
		19대 **광개토왕**					
		400 (10)	신라에 군사지원				
		405	백제, 한학을 일본에 전함				
²⁷모용운 천왕의 지위에 오름		407					
		413 (23)					

魏　蜀　吳　三國

西晉

晉

東晉

北魏

	20대 장수왕		
	420		
	427(15)	평양 천도	宋
	433	백제·신라 나제동맹 맺음	
[18]도림 백제에 첩자로 감	475(63)	**백제수도 한성 함락, 백제 개로왕 살해**	
		백제 문무왕 웅진 천도	
	479		
	491(79)	장수왕 사망	
	492		齊
	21대 문자왕		北
	494	부여 고구려에 의해 멸망	魏
	502	신라 우경 실시	
	512	신라 우산국 정벌	
	519(28)		
	22대 안장왕		
	520	신라 율령 반포	
[26]고림 반군을 진압함	?		北
	527	신라 법흥왕 불교 공인, 이차돈 순교	朝
	531(13)		
	23대 안원왕		
	532	금관가야 신라에 멸망	梁
	534		
	535		
	538	백제 성왕 사비 천도	東 魏 / 西 魏
	545	신라 〈국사〉편찬	
	24대 평원왕		
	550		
	556		北 齊 / 北 周
	557		
	562	신라 대가야 병합	
	577		
	581		陳
	586(28)	평양 장안성으로 천도	
	589		
	590(32)		
[19]온달 아단성 전투에서 전사	**26대 영양왕**		隋
수 나라 문제 고구려침공	598(19)		
[21]강이식 수 나라 군대 격파			
[20]을지문덕 살수에서 수 나라 군대 섬멸	612(23)		
	618		
	27대 영류왕		
	632	신라 경주 첨성대 건립